Learn Spanish For Beginners: 11+ Short Stories& Accelerated Language Learning Lessons- Conversations, Grammar& Vocabulary Mastery+ 1001 Phrases& Words In Context- 21 Day Blueprint

TABLE OF CONTENTS

Introduction 7
   PRONUNCIATION 7
Lesson 1 - The Pronouns 10
Lesson 2 - The Articles 16
   THE DEFINITE ARTICLES 17
   THE INDEFINITE ARTICLES 20
   THE ARTICLE LO 21
   NO ARTICLES 22
Lesson 3 - The Verbs 28
   CONJUGATION OF THE VERBS 29
   REGULAR VERBS 31
   IRREGULAR VERBS 33
   INTERROGATIVE AND NEGATIVE FORMS 38
Lesson 4 - The Nouns 43
   COMMON NOUNS 43
   PROPER NOUNS 46
   NOUN PHRASES 46
   NOUNS AND GENDER 47
   NOUNS AND NUMBER 48
Lesson 5 - The Adjectives 55
   TYPES OF ADJECTIVES 57

- COMPARATIVE AND SUPERLATIVE ADJECTIVES 60
- La bicicleta 65
- Lesson 6 - The Prepositions 69
- Lesson 7 - The Conjunctions 79
  - COORDINATING 79
  - SUBORDINATING 80
- Lesson 8 - The Adverbs 88
  - WHAT KIND OF ADVERBS ARE THERE? 90
  - THE ORDER OF THE ADVERBS 93
- Lesson 9 - Imperatives 98
- Lesson 10 - Exclamation and Interrogation 104
  - PERSONAL 104
  - IMPERSONAL 104
  - THE ORDER OF THE SENTENCES 106
  - NEGATION 106
  - QUESTIONS 107
- Lesson 11 - The Accent 114
  - TYPES OF STRESS 115
- Lesson 12 - Reflexive Pronouns 125
  - WHAT ARE THEY? 125
  - WHERE DO YOU PUT THEM? 126
- Final Exam 132
- Answer Key 137
- Spanish - English Dictionary 160

English - Spanish Dictionary by Topic 172

Extra Reading 178

   Los Grandes Beneficios De Hacer Teatro 179

   Buenos Aires Para Impresionar En Una Primera Cita 185

   Recetas de Cocina para Deleitarse 188

   El Avance de la Tecnología 198

   El Español 201

   El Fútbol 203

   Antonio Machado 206

   Fiestas y celebraciones importantes de los países de habla hispana 214

   El impacto de la tecnología en el trabajo 223

Learn Spanish For Beginners: 11+ Short Stories& Accelerated Language Learning Lessons- Conversations, Grammar& Vocabulary Mastery+ 1001 Phrases& Words In Context- 21 Day Blueprint

Hi! Welcome to our super-fast course to learn Spanish, even when you are on the move!

In this course, you will be able to speak one of the most spoken languages in the world in a short time - and perfect if you follow the guide. This step-by-step course consists of explanations, examples, a dictionary, and a nice story to make the learning smooth and interesting. If you have in mind the objective, you will speak Spanish in a couple of months!

Here are our suggestions to achieve your goal:

- *Read the explanation thoroughly and, at the same time, check the dictionary to learn the new words and expressions.*
- *Once you have understood and read the explanation, there is an activity at the end of the lesson to put everything into practice! Do it! The answers to the activity are at the end of the book.*
- *<u>Don't try to understand every word or the whole text</u>, this is very important. Try to make your guesses in context. The stories are written at a higher level than what you are 'learning,' and*

that is on purpose, so you will be improving your skills without noticing it!
- *Read <u>aloud</u> to practice pronunciation.*
- *Do the exercises more than once; we suggest you do it at the beginning and then go over them once you learned the topic or the structures.*
- ***Don't worry*** *so much about the grammar explanations, they are just there to guide you and solve issues when you are confused.*
- *Additionally, you will find **Cultural Facts** and related **Extra Activities** in each lesson to experience the language from different views. You can always go beyond and search the web.*
- *This is the most important recommendation: **ENJOY!***

Are you ready? Let's get started!

Introduction

Spanish people wonder why English people pronounce letters in so many different ways. Well, we have no idea… In the same way, English people wonder why Spanish people pronounce the letters in a certain way… My advice: **don´t try to find an answer to every question**.

Sometimes we don´t need to know every detail, and that is something we will face as adults. When you start learning a language at a certain age, we get to ask about everything and we want to know why this and why that, nouns, verbs…, why do adjectives change gender in Spanish? Why Spanish people have an extra letter called Ñ (*enye*)? Don´t worry! Just use it and practice it. for now, just enjoy and repeat!

In this lesson, we are going to introduce the Spanish language and give you some basic information you should know before starting studying. From letters to pronunciation to exclamation to interrogative marks, there are small, tiny things we must explain.

PRONUNCIATION

How do you pronounce letters in Spanish?

Just for your reference, here you have a chart to have an idea of how letters are pronounced. This will help you when you don´t know how to pronounce a word.

Code	Letter	Spanish Pronunciation	As... in English	Example in Spanish	Translation in English
1	A	ah	Father	aprenderé	I will learn
2	B	beh	baby	banana	banana
3	C	ceh	case	casa	house
4	CH	cheh	church	chupetín	lollipop
5	D	deh	day	de	of
6	E	eh	less	estoy	am
7	F	effe	photo	fácil	easy
8	G	ge	Great	grande	big
9	H	hache	honor	hogar	home
10	I	i	easy	igual	equal
11	J	jota	him	jugo	juice
12	K	kah	kilo	kiosco	kiosk
13	L	ele	Last	luna	moon
14	LL	elle	you	lleno	full
15	M	eme	Mother	muy	very
16	N	ene	nobody	nieve	snow
17	Ñ	eñe	canyon	ñandú	rhea
18	O	oh	vote	oso	bear
19	P	peh	past	perro	dog
20	Q	koo	chemistry	que	that (what)
21	R	ere	road	rápido	fast
22	S	ese	estate	seguro	sure
23	T	te	time	taza	cup

24	U	u	tutor	uña	nail
25	V	veh	vein	vaso	glass
26	W	doble	Watch	Walter	Walter
27	X	equis	exercise	xenofobia	xenophobia
28	Y	y griega	Yours	yuyo	weed
29	Z	zeta	sock	zapato	shoe

The letters colored in grey are just for your reference, as they aren't part of the Spanish alphabet; they were in the past, though. We put them in the list so you know they exist, are used by the Spanish speakers, and have their own pronunciation.

Lesson 1 - The Pronouns

There are 6 pronouns in Spanish, which have also their corresponding plural and gender forms.

Yo	*I*
Tú - Vos	*You*
Él - Ella	*He - She*
Nosotros	*We*
Vosotros - Ustedes	*You (Plural form)*
Ellos - Ellas	*They*

> *"¡Hola! ¿Cómo estás? Mi nombre es María. Yo soy la maestra de este curso".*
>
> *"Hi! How are you? My name is María. I am the teacher of this course."*

As you can see, María is introducing herself, and when she does that, she uses the pronoun **YO**, which is **I** in English.

> *"¡Hola! ¿Cómo estás tú? Mi nombre es María. Yo soy la maestra de este curso".*
>
> *"Hi! How are you? My name is María. I am the teacher of this course."*

In this case, María added the pronoun TÚ in the question, and TÚ means YOU. But, as you may have seen, in Spanish is not necessary to use pronouns. We can say:

> *"¡Hola! ¿Cómo estás? Mi nombre es María. Soy la maestra de este curso".*

Do you know why it is not necessary to add the pronoun?

Because in Spanish the verbs have their own conjugations for each pronoun. That means that if we say **SOY**, it is implied that I am talking about **myself**. SOY means I AM. It refers to I, ME.

If we say **ESTÁS**, it means that **YOU ARE**; but if you say **ESTAR**, it means **TO BE**. Below, you will find the conjugation of the verb SER/ESTAR, where you will also find examples.

Verb TO BE	SER = be someone/something		ESTAR = be somewhere/somehow	
I am	Yo soy maestra. Yo soy alto.	I am a teacher. I am tall.	Yo estoy en casa. Yo estoy triste.	I am home. I am sad.
You are	Tú eres doctor. Tú eres lindo.	You are a doctor. You are cute.	Tú estás en Chile. Tú estás feliz.	You are in Chile. You are happy.
He - She is	Él es abogado. / Ella es abogada. Él es divertido. / Ella es Divertida.	He is a lawyer. / She is a lawyer. He is funny. / She is funny.	Él está en Australia. / Ella está en Australia. Él está molesto. / Ella está molesta.	He is in Australia. / She is in Australia. He is annoyed. / She is annoyed.
We are	Nosotros somos hermanos. Nosotros somos flacos.	We are brothers. We are thin.	Nosotros estamos en la cocina. Nosotros estamos tranquilos.	We are in the kitchen. We are calmed.

You are (Plural)	Ustedes son estudiantes. Ustedes son inteligentes.	You are students. You are intelligent.	Ustedes están en África. Ustedes están contentos.	You are in Africa. You are content.
They are	Ellos son empleados. Ellos son raros.	They are employees. They are strange.	Ellos están en España. Ellos están nerviosos.	They are in Spain. They are nervous.
It is	Es un perro. Es grande.	It is a dog. It is big.	Está en la caja. Está roto.	It is in the box. It is broken.

GREETINGS

Now, let's talk about greetings!

In Spanish, you can say HELLO or GOODBYE in different ways. Let's see some examples:

> *"Hola, buen día. ¿Cómo estás?"*
>
> *"Hello, good morning. How are you?"*
>
> *"Un gusto verte. Yo estoy muy bien, ¿cómo estás tú?"*
>
> *"Nice to see you. I am fine, how are you?"*

You can see a list of greetings in the dictionary of this course at the back of the book. We suggest that you read and study the list before continuing to the practice below.

PRACTICE

Read the dialogue and write VERDADERO (true) or FALSO (false).

> — *Hola, ¿cómo va? Soy Paula. ¿Cuál es tu nombre?*
> — *Hola Paula. Mi nombre es Ana. Un gusto conocerte.*
> — *Igualmente Ana, es un placer conocerte.*
> — *¿Qué onda esta clase?*
> — *María es la maestra del curso. Es linda, inteligente y divertida.*
> — *¡Buenísimo! Estoy feliz de estar aquí. ¿Estás contenta?*
> — *Sí, yo estoy contenta ¡y estoy nerviosa! ¿De dónde eres Ana?*
> — *Yo soy de México ¿y tú Paula?*
> — *Yo soy de Guatemala.*

TRUE or FALSE

1. Paula y Ana son estudiantes.
2. Ellas están en su casa.
3. María es maestra.
4. María es inteligente.
5. Paula está calmada.
6. Ana es de Chile.
7. Paula es de Guatemala.
8. Paula está feliz.
9. María es estudiante.
10. Ana es de Guatemala.

❖ CULTURAL FACT

Spanish is not equal in the different countries. That doesn't mean that it is another language. All the Spanish countries have the same dictionary, the **Real Academia Española** dictionary, and Spain is where the language is updated every year.

The thing is, as, in any other language, there are dialects and colloquial terms which are typical of certain regions. It is also important to explain that there are two specific Spanish-speaking countries, Argentina and Uruguay, which use the conjugations with the **VOCEO**. It is also used in some other countries of South America, although not so frequently.

What is VOCEO?

This is a different way of conjugating the verbs in the 2nd person.

"Hola, soy María, ¿vos quién sos?"

María is asking YOU who you are. But, she is speaking using VOS, instead of TÚ. So, instead of saying TÚ ERES, she says VOS SOS.

In the VOCEO, most of the verb conjugations are different, but in the verb to be, you only have to remember that you should use VOS SOS instead of TÚ ERES when you are saying YOU ARE.

EXTRA ACTIVITY

Listen to the song *"La Bifurcada" by Memphis La Blusera*, an Argentinian blues band, and complete the missing words. You can find it on YouTube!

Here you will listen to the Spanish language using VOCEO, and that will give you an idea of how the verbs and accents are used in certain countries. Enjoy!

Si te vas	Si te vas
No, no, no, no me voy a matar	No, no, no, no te voy a extrañar
Sabés, mejor	Sabes, mejor
Lleváte si querés el televisor	…….. desconocía tu inclinación
Mientras hacés la valija	Te decidiste
Escuchá …….. canción	Te definiste
	……. feminista
Si y te vas	Y yo machista
No, no, no, no voy …… llorar	**Andá** por la sombra y cerrá ……. el portón
Sabés, mejor	*(Coro)*
No queda otra que la separación	
Si te llevás la cama, chuchi	
Dejáme el colchón	
Te vas con tu amiga	
Feminista perdida	
Tus modernos inventos	
Que ….. puro cuento	

Lesson 2 - The Articles

There are **definite** and **indefinite** articles in Spanish. An article is a word that accompanies nouns.

In Spanish, there is a different article for each kind of noun that follows it, and they are used <u>according to the number and gender</u>.

To have a general idea, when the noun is plural, the word ends in **ES/S**. When a noun or adjective is feminine, the words usually end in **A**; and when it is masculine, it usually ends in **O**.

Of course, there exceptions and rules that you can check in the dictionary.

For example:

EL ÁRBOL ALT<u>O</u> (the tall tree)	**LOS** ÁRBOL<u>ES</u> ALTO<u>S</u> (the tall trees)
LA MES<u>A</u> ROJ<u>A</u> (the red table)	**LAS** MESA<u>S</u> ROJA<u>S</u> (the red tables)

There is also a **neutral article**, meaning it is not feminine or masculine, and in some cases, there isn't a used article at all.

Let's take a look!

THE DEFINITE ARTICLES

There are four Definite Articles. They are singular, plural, masculine, and feminine. In order to know which one to use, <u>you must know what type of noun you are using after</u>. They are:

- **LA** - feminine and singular
- **LAS** - feminine and plural
- **EL** (without accent!) - masculine and singular
- **LOS** - masculine and plural

When are these definite articles used?

Apart from knowing the type of noun that follows the article, you should know a few more things.

Definite articles are usually used to talk about general things and things that have been mentioned before in the speech. But they are also compulsory in the following cases:

✓ Days of the week

> ***Estudio <u>los</u> lunes.***
> *I study on Mondays.*

✓ The time

> ***Son <u>las</u> 3 a.m.***
> *It is 3 AM.*

✓ When mentioning the title of a prince, madam, manager, boss, president, among others

> ***<u>El</u> presidente de los Estados Unidos.***

> *The President of the United States.*

- ✓ With reflexive verbs that are built with body or clothing vocabulary

> ***Me lavo las manos.***
> *I wash my hands.*

- ✓ The direct object comes before the verb

> ***¿Dónde está la lapicera? La lapicera la tengo yo.***
> *Where is the pen? I have the pen.*

- ✓ When talking about likes and dislikes

> ***Me gusta la lluvia.***
> *I like the rain.*

And it is also important to mention when IT IS NOT CORRECT TO USE THE DEFINITE ARTICLE:

- When the verb HABER (there is/are) is present in the speech

> ***Hay libros sobre la mesa.***
> *There are books on the table.*

- Before names

> ***Paula es mi amiga.***
> *Paula is my friend.*

Now, how do you know WHEN to use one or the other article? Well, at the beginning that may be a problem for someone who speaks English and the only article he or she uses is THE...

Yes, in Spanish, and as it happens with other Latin languages, YOU HAVE TO KNOW WHAT GENDER IS THE NOUN in order to use the correct definite article before, and then check the number - singular and plural form - to pick the correct one. Check these examples:

- <u>Masculine - Singular</u> -
<u>Masculine - Plural</u>

<u>El</u> niño es venezolano. **<u>Los</u> niños son venezolanos.**

The boy is Venezuelan. The boys are Venezuelan.

- <u>Feminine - Singular</u> -
<u>Feminine - Plural</u>

<u>La</u> niña es colombiana. **<u>Las</u> niñas son colombianas.**

The girl is Colombian. The girls are Colombian.

As you can see, the article changes according to the noun (niña, niñas, niño, niños), and so does the verb (es, son.) Everything must have a concordance. The only way to know it is by learning what gender the nouns are, and for that, you have a dictionary!

There is also an exception when using definite articles. When a noun starts with the letter A and it has an accent, you should use the masculine article.

Example:

> ***El águila vuela.***
>
> *The eagle flies.*

In this case, águila is a feminine noun. But, as it starts with the letter A and the accent is there, we should use EL instead of LA. But in the plural form we say:

> ***Las águilas vuelan.***
>
> *The eagles fly.*

THE INDEFINITE ARTICLES

The Indefinite Articles in Spanish are used in a similar to the English language. They are used when we are talking about - as its name says - indefinite things or people we haven't mentioned before.

Pretty much like <u>A</u> COUNTRY, <u>AN</u> APPLE, etc. We are talking about any country; we don't know which one.

And these articles are:

- **UNA** - feminine and singular
- **UNAS** - feminine and plural
- **UN** - masculine and singular
- **UNOS** - masculine and plural

When are Indefinite Articles used?

- When we are mentioning someone that belongs to a generic group

> *Paula es **una** amiga de Ana.*
>
> *Paula is **a** friend of Ana.*

- When we are talking about a certain amount

> *Paula está a **unos** metros de la escuela.*
>
> *Paula is **a few** meters from the school.*

- Before a noun or adjective describing personal qualities of the subject

> *Paula es **una** buena estudiante.*
>
> *Paula is **a** good student.*

- With the impersonal form of HABER (there is/are)

> *Hay **una** obra de teatro en la escuela.*
>
> *There is **a** performance at school.*

THE ARTICLE LO

LO is another article used only in the singular form, and it cannot be used with a noun. It is a **neutral article**, that is why it cannot be before a noun, as all nouns have a feminine or masculine form.

So, when do we use this word? In the following cases:

- In front of adjectives, participles, and ordinals which have no noun

> ***Lo curioso** es cómo la maestra entra al aula.*
>
> *The curious thing is how the teacher enters the classroom.*

- As an exclamation before an adjective or adverb

> *¡No puedo creer **lo deliciosa** que está esa torta!*
>
> *I can't believe how delicious is that cake!*

As we said before, LO is only singular and you can think of it as an article that <u>turns abstract words into nouns</u>, such as **LO CURIOSO** (the curious thing), **LO INCREÍBLE** (the incredible thing)...

Here is another example so you can understand it!

> – *Mi maestra María **es inteligente**.*
>
> *My teacher María is intelligent.*
>
> – ***Lo** sé.*
>
> *I know it.*

NO ARTICLES

There are some cases where the article is not necessary and is incorrect to use it.

- When you have the verb TO BE followed by a job

> *María es maestra.*

> Mary is a teacher.

But you can say:

> ***María es <u>la</u> maestra de esta escuela.***
>
> María is the teacher at this school.

- When you have the verb TO BE and nationality or religion:

> ***María es española.***
>
> María is Spanish.

- With unspecified quantities:

> ***¿Esta tarta tiene <u>tomate</u>?***
>
> Does this pie have tomato?

- Before names, organizations, and places, except when it is part of it, such as The United States:

> ***<u>Paula</u> estudia en la escuela todos los días.***
>
> Paula studies at school every day.

- Before languages, except when it is the subject of the sentence:

> ***Ana estudia <u>español</u> y cree que <u>el inglés</u> es difícil.***
>
> Ana studies Spanish and thinks English is difficult.

- Before the months of the year and seasons:

> ***Estamos en diciembre.***

> We are in December.

PRACTICE

Read and listen to the following text about María. You don't have to understand every word. Try to answer the questions using <u>one to three</u> words, no more!

María

María es maestra. Tiene treinta años. Es una maestra inteligente y divertida. Tiene muchos alumnos en la clase. Ella es española. Enseña español en una escuela pequeña y lo hace con mucho placer.

Vive en los Estados Unidos con su familia y un perro, Paco. La mamá se llama Rosario y el papá se llama Víctor.

A María le gusta la música, cantar, bailar y hablar idiomas. María trabaja mucho y toma clases de baile en un club comunitario.

María no tiene novio, pero espera encontrar al amor de su vida pronto.

---

1. ¿Qué es María?

2. ¿Cuántos años tiene María?

3. ¿Es divertida?

4. ¿Cuál es su nacionalidad?

5. ¿Qué le gusta hacer a María?

Now, read or listen again, and pay attention to the articles in the text. Write them down or listen to them trying to identify the noun after each article.

For example; *una maestra inteligente.*

- *Were you able to identify where no article is needed?*
- *Are the articles feminine or masculine?*
- *Are the articles singular or plural?*
- *How many masculine and feminine articles did you find?*
- *Are there more singular or plural articles?*
- *How many definite articles and indefinite articles are there?*

❖ CULTURAL FACT

Gender-neutral language in Spanish has been a hot discussion for the last years. Especially feminists' groups and activists started to ask for and use a language without gender, claiming that using feminine and masculine words - nouns, articles, adjectives - was part of discrimination for women.

This argument has been going on for several years, but the **RAE, *Real Academia Española***, in charge of the Spanish dictionary decided not to hear the claim, although it was forced to put the topic on the table.

The cause of this discussion lies on the basis of the language, where the masculine form is used for generic antecedents.

In Spanish, when we are talking about a generic group, such as ESTUDIANTES (students), the common thing is to say **LOS** ESTUDIANTES, and not LAS Y LOS ESTUDIANTES; it is not specified there are boys and girls, it is understood both genders are present, even though we are talking about all the students in the class.

The recent inclusive language discussion continued for some time, and many Spanish people around the world started using the ending **E** instead of using A for feminine or O for masculine. For example, they would say TODES (everybody), and not TODOS (the official word).

According to the RAE, this concept has to do with an idea, an ideology; therefore, it shouldn't have an impact on the language itself. They decided the grammar and structure of the language have nothing to do with feminism and its ideas. That was the last word about the discussion.

Some people, especially the activists, are in favor of this change, but most individuals resist the idea of changing the way of speaking. Although, it is common to find texts using this new form of Spanish, which is not official or worldwide accepted.

EXTRA ACTIVITY

Read or listen to the following nouns and guess which article - LA, LAS, EL, LOS - you need to put in front of it.

Then, go to the dictionary, check your answers and learn what they mean in English.

- *aire*
- *mesas*
- *libros*
- *escuela*
- *pelota*
- *computadora*
- *patineta*
- *bicicletas*
- *niños*
- *amor*
- *perros*
- *comida*
- *albañil*
- *puertas*
- *sillas*
- *árbol*
- *montaña*
- *río*
- *gorras*
- *pantalones*

Lesson 3 - The Verbs

The verbs are actions executed by the subject. But they can also express the process or state of something. They usually go together with other complements that explain or give more information.

There are personal and impersonal forms.

Just to give you an idea, and for general knowledge, the impersonal forms include:

- **Infinitive**
  The infinitive in Spanish has three endings - **AR, ER, IR**. And all the verbs have one of these endings, with no exceptions. Cant**ar** (sing), Corr**er** (run), and Re**ír** (laugh) are examples of them.
- **Gerund**
  When the verbs are used with the gerund form, the endings are **-ANDO** and **-IENDO**. For example CANT<u>ANDO</u> (singing) and CORR<u>IENDO</u> (running).
- **Participle**
  The ending of a participle form is **-DO**, and sometimes **-DA, -DOS, -DAS**. Examples of these are CANTA**DO** (sung), CORRI**DO** (run), REÍ**DO** (laughed).

These three impersonal forms, INFINITIVE, GERUND, and PARTICIPLES, never change and exist in English as well. Let's see some examples so you understand what we are talking about:

	INFINITIVE	GERUND	PARTICIPLE
Spanish	Me gusta *cantar*.	Estoy *cantando* una canción.	La canción es *cantada* por el coro.
English	I like *to sing*.	I am *singing* a song.	The song is *sung* by the chorus.

CONJUGATION OF THE VERBS

The personal forms, as mentioned above, are the verbs conjugated, the action performed by the subject, and are the forms that we are interested in right now. Remember the subject pronouns we learned in the previous lessons? In case you don't…

> YO, TÚ, VOS, ÉL, ELLA, NOSOTROS, VOSOTROS, USTEDES, ELLOS, ELLAS

There is a different form of using the verb according to each person. Of course, there are rules you can follow and groups of verbs that are conjugated the same way.

Spanish has <u>regular and irregular verbs</u>.

The **regular verbs** are the ones that follow a pattern. There are several verb tenses, and verbal moods: Indicative, subjunctive and imperative.

- The **INDICATIVE** is used to talk about states, events, and real actions. This mood has present, past, conditional, and future tenses.

- The **SUBJUNCTIVE** mood is used for whishes, opinions, and specific expressions.
- The **IMPERATIVE** form is used for commands, orders, and requests.

These moods have their own tenses, except for the IMPERATIVE, which is used in a different way (remember it is used for commands.) Moods are large groups that indicate the attitude of the speaker. You can see the complete list of moods and verb tenses below:

INDICATIVE MOOD	SUBJUCTIVE MOOD
Presente - Present	Presente subjuntivo - present sbjunctive
Gerundio - Present progressive	Pretérito imperfecto subjuntivo - imperfect subjunctive
Pretérito perfecto - Perfect	Pretérito perfecto subjuntivo - perfect subjunclive
Pretérito imperfecto - Imperfect	Pretérito plucuamperfecto subjuntivo - past perfect
Pretérito indefinido - simple past	
Pretérito pluscuamperfecto - past perfect	
Pretérito anterior - perfect	
Futuro próximo - going to	
Futuro simple - future	
Futuro compuesto - future perfect	

Condicional simple - conditional	
Condicional compuesto - conditional perfect	

REGULAR VERBS

Now, let's talk about the verbs, how we use them when we use the different conjugations, and what the patterns are, so you can remember them easier.

How do you know which is a regular verb?

Well, like everything else, you need to learn it, and you can start checking your dictionary at the end of this book. To start, the verb conjugation is always formed by two parts ROOT and ENDING. For example, look at the verb **AMAR**.

The root is **AM** and the ending is **AR**. So, having that information will tell you how you can conjugate it. The same happens with the verbs ending in ER and IR in the chart.

Pronoun	Ending in AR	Ending in ER	Ending in IR
Yo	-o	-o	-o
Tú	-as	-es	-es
Él / ella	-a	-e	-e
Nosotros	-amos	-emos	-imos
Vosotros / ustedes	-áis / -an	-éis / -en	-ís / -en
Ellos / ellas	-an	-en	-en

And in this chart, you can see three examples that end in AR, ER, and IR.

AMAR (love)	BEBER (drink)	VIVIR (live)
Yo am**o** - I love Tú am**as** - you love Él/ella am**a** - he/she loves Nosotros am**amos** - we love Vosotros am**áis** - you love Ellos am**an** - they love	Yo beb**o** - I drink Tú beb**es** - you drink Él/ella beb**e** - he/she drinks Nosotros beb**emos** - we drink Vosotros beb**éis** - you drink Ellos beb**en** - they drink	Yo viv**o** - I live Tú viv**es** - you live Él/ella viv**e** - he/she lives Nosotros viv**imos** - we live Vosotros viv**ís** - you live Ellos viv**en** - they live

Can you see the patterns? Can you try conjugating the following verbs ending in AR?

Remember that you only need to change the AR part of the word, the root stays as it is. To know the meaning, go to the dictionary at the end of the book:

- SALTAR
- LADRAR
- REZAR
- CAZAR
- CANTAR
- TIRAR
- USAR

- BESAR
- PASEAR
- CAMINAR

IRREGULAR VERBS

The irregular verbs in Spanish also have patterns according to the subject, tense, and mood, but <u>the changes affect their roots</u> as well, and that differentiates them from the regular verbs. To explain in detail the technical aspect of the changes in the verbs may be exceedingly difficult and useless to learn the language with fluency at this level; therefore, we will just show you and help you remember the most used irregular verbs without going in-depth on the grammar explanation.

We have seen the verb TO BE - SER/ESTAR - in the previous lessons, and here it is again:

Ser (to be)

Yo	Soy	**Nosotros**	Somos
Tú	Eres	**Vosotros**	Sois
Vos	Sos		
Él/Ella/Usted	Es	**Ellos/Ellas/Ustedes**	Son

Estar (to be)

Yo	Estoy	**Nosotros**	Estamos
Tú	Estás	**Vosotros**	Estáis
Vos	Estás		
Él/Ella/Usted	Está	**Ellos/Ellas/Ustedes**	Están

Now, take a look at the rest of the irregular verbs we present you in the Simple Present Tense.

Haber (have)

Yo	He	Nosotros	Hemos
Tú	Has	Vosotros	Habéis
Vos	Has		
Él/Ella/Usted	Ha	Ellos/Ellas/Ustedes	Han

Tener (have)

Yo	Tengo	Nosotros	Tenemos
Tú	Tienes	Vosotros	Tenéis
Vos	Tenés		
Él/Ella/Usted	Tiene	Ellos/Ellas/Ustedes	Tienen

Poder (can)

Yo	Puedo	Nosotros	Podemos
Tú	Puedes	Vosotros	Podéis
Vos	Podés		
Él/Ella/Usted	Puede	Ellos/Ellas/Ustedes	Pueden

Hacer (do)

Yo	Hago	Nosotros	Hacemos

Tú	Haces	Vosotros	Hacéis
Vos	Hacés		
Él/Ella/Usted	Hace	Ellos/Ellas/Ustedes	Hacen

Decir (say)

Yo	Digo	Nosotros	Decimos
Tú	Dices	Vosotros	Decís
Vos	Decís		
Él/Ella/Usted	Dice	Ellos/Ellas/Ustedes	Dicen

Ir (go)

Yo	Voy	Nosotros	Vamos
Tú	Vas	Vosotros	Vais
Vos	Vas		
Él/Ella/Usted	Va	Ellos/Ellas/Ustedes	Van

Ver (see)

Yo	Veo	Nosotros	Vemos
Tú	Ves	Vosotros	Veis
Vos	Ves		
Él/Ella/Usted	Ve	Ellos/Ellas/Ustedes	Ven

Parecer (seem)

Yo	Parezco	Nosotros	Parecemos
Tú	Pareces	Vosotros	Parecéis
Vos	Parecés		

| Él/Ella/Usted | Parece | Ellos/Ellas/Ustedes | Parecen |

Dar (give)

Yo	Doy	Nosotros	Damos
Tú	Das	Vosotros	Dais
Vos	Das		
Él/Ella/Usted	Da	Ellos/Ellas/Ustedes	Dan

Saber (know)

Yo	Sé	Nosotros	Sabemos
Tú	Sabes	Vosotros	Sabéis
Vos	Sabés		
Él/Ella/Usted	Sabe	Ellos/Ellas/Ustedes	Saben

Querer (want)

Yo	Quiero	Nosotros	Queremos
Tú	Quieres	Vosotros	Queréis
Vos	Querés		
Él/Ella/Usted	Quiere	Ellos/Ellas/Ustedes	Quieren

Seguir (follow)

Yo	Sigo	Nosotros	Seguimos
Tú	Sigues	Vosotros	Seguís
Vos	Seguís		
Él/Ella/Usted	Sigue	Ellos/Ellas/Ustedes	Siguen

Jugar (play)

Yo	Juego	Nosotros	Jugamos
Tú	Juegas	Vosotros	Jugáis
Vos	Jugás		
Él/Ella/Usted	Juega	Ellos/Ellas/Ustedes	Juegan

Encontrar (find)

Yo	Encuentro	Nosotros	Encontramos
Tú	Encuentras	Vosotros	Encontráis
Vos	Encontrás		
Él/Ella/Usted	Encuentra	Ellos/Ellas/Ustedes	Encuentran

Salir (go out)

Yo	Salgo	Nosotros	Salimos
Tú	Sales	Vosotros	Salís
Vos	Salís		
Él/Ella/Usted	Sale	Ellos/Ellas/Ustedes	Salen

Conocer (meet/know)

Yo	Conozco	Nosotros	Conocemos
Tú	Conoces	Vosotros	Conocéis
Vos	Conocés		
Él/Ella/Usted	Conoce	Ellos/Ellas/Ustedes	Conocen

Pensar (think)

Yo	Pienso	Nosotros	Pensamos
Tú	Piensas	Vosotros	Pensáis
Vos	Pensás		
Él/Ella/Usted	Piensa	Ellos/Ellas/Ustedes	Piensan

Poner (put)

Yo	Pongo	Nosotros	Ponemos
Tú	Pones	Vosotros	Ponéis
Vos	Ponés		
Él/Ella/Usted	Pone	Ellos/Ellas/Ustedes	Ponen

INTERROGATIVE AND NEGATIVE FORMS

Alike the English language, in Spanish the questions are formed just by adding the question mark at the beginning ¿, and at the end ? And the negative form is formed by adding NO before the verb.

You don't need any auxiliary as in English. Therefore, you can say:

> Affirmative > *Corremos en el parque.*
>
> Interrogative > *¿Corremos en el parque?*
>
> Negative > *No corremos en el parque.*

PRACTICE

Read or listen to the following text about María's everyday life and complete the activities below.

La Vida Cotidiana de María

María trabaja de lunes a viernes. Ella se levanta a las 7 a.m., se viste, se asea y desayuna junto a sus padres. El desayuno consiste en un enorme café, unas tostadas y jugo de naranja exprimido. A las 8 toma el autobús para ir al colegio, donde es maestra de nivel secundario. Tiene muchos alumnos y buenos compañeros de trabajo. Como todos los maestros, María tiene su corazón puesto en un alumno que adora, Matías. Matías es estudioso y responsable, pero tiene muchos problemas familiares. Es por eso que María tiene debilidad por él.

María tiene el almuerzo en el colegio. Generalmente, come un sandwich de jamón y queso, y un vaso de yogur. Conversa con sus compañeros del colegio y escucha un poco de música para distraerse.

Luego, María corrige tareas, prepara material para las clases y vuelve al aula. Sus alumnos la quieren mucho.

Termina de trabajar a las 4 p.m. Toma el autobús de regreso y va a su clase de baile. A María le encanta la música de salón, y la salsa. Tiene un compañero de baile que se llama Antonio y disfruta mucho bailar con él.

María cena a las 9 p.m. con sus padres, se ducha y se va a dormir. Duerme siete horas, y antes de dormir mira televisión y escucha música.

A. Identify the verbs in the text and check their meaning in the dictionary at the end of the book.

B. Complete the sentences using one word from the text.

1. María se levanta a las ……………….

2. Todas las mañanas toma un enorme ……………….

3. María almuerza en el ……………….

4. Al mediodía, María escucha ……………….

5. Sus alumnos la ……………….

6. Termina de trabajar a las ……………….

7. Despés del trabajo, María toma clase de ……………….

8. María baila con ……………….

9. Se va a dormir a las ……………….

10 . Antes de dormir, María mira ……………….

> ❖ **CULTURAL FACT**
>
> In Spanish countries from Latin America, family or friends' reunions are quite common and occur very often. People are using to get together for special occasions, but also to have a special meal in the evening, either at weekends or holidays, and these reunions can last for many hours, even until dawn. When that happens, guests usually bring a bottle of wine or honor

the host with special food. In some places, it's even impolite not to bring something.

Another big difference between Latin America - even Spain - and English-speaking countries about eating customs, is that lunch is usually the main meal of the day.

Lunchtime is mostly between 1 and 3 p.m. and it can take place in any restaurant or at home. It is common for businessmen to have lunch in fancy restaurants to talk about their businesses, while families may sit with their children, who come from school, and they eat all together while watching TV or talking.

The type of food differs from country to country, but today it is common to find restaurants from different regions in big cities where you can try dishes from other places.

In some countries, there are also little shops on the street which sell typical homemade food and they are similar to fast-food restaurants.

EXTRA ACTIVITY

1. What are the traditional meals in each country from Latin America? Answer the question from your own experience or find the information on the Internet.

2. Read the list of food terms in the dictionary at the end of this book, and find a picture of it on the Internet to see what it looks like.

Lesson 4 - The Nouns

The nouns in Spanish are called sustantivos. They refer to things, and there are different types. They can be classified in:

- **Common**
    - Countable and uncountable
    - Individual and collective
    - Compound
    - Abstract and concrete
    - Animate and inanimate
- **Proper**
- **Nouns phrases**
- **Other words that become a noun**

According to what they refer to, you should use a different type.

COMMON NOUNS

Common nouns refer to people, animals, and things. They are written in lower case letters. At the same time, common nouns can be classified in:

- **Countable Nouns:** These nouns can be counted, and they have singular and plural forms.

> *La mesa marrón.*   *La casa grande.*
> *El cuadro.*   *El televisor.*
>
> The brown table.   The big house.   The picture.   The television.

- **Uncountable Nouns:** They usually refer to material or substances, and they can not be counted; therefore, they are used in the singular form.

La paciencia.	El azúcar.	El apuro.
The patience.	The sugar.	The rush.

- **Individual Nouns:** They refer to single things and they have both forms, singular, and plural.

El pasajero.	La maestra.	El gato.
	La mansión.	
The passenger.	The teacher.	The cat.
	The mansion.	

- **Collective Nouns:** These nouns are groups of things and they only use the singular form.

La muchedumbre.	El equipo.	La orquesta.
	La tripulación.	
The crowd.	The team.	The orchestra.
	The crew.	

- **Compound Nouns:** They are formed by more than one word and the words together give a new meaning when they are together. They are always singular.

El paragüas.	*El salvavidas.*	*El abrelatas.*	*El guardaespaldas.*
The umbrella.	The lifeguard.	The can opener.	The bodyguard.

- **Abstract Nouns:** These nouns are not tangible; you cannot touch, see, taste, hear or smell them. They are not physical things.

El aire.	*La belleza.*	*La justicia.*
	La verdad.	
The air.	The beauty.	The justice.
	The truth.	

- **Concrete Nouns:** These refer to the things you can touch and have a physical presence.

El árbol.	*La lapicera.*	*La pelota.*
	Los anteojos.	
The tree.	The pen.	The ball.
	The glasses.	

- **Animate Nouns:** This group of nouns has to do, of course, with living beings.

El elefante.	*La hormiga.*	*El hombre.*
	La niña.	
The elephant.	The ant.	The man.
	The girl.	

- **Inanimate Nouns:** Of course, here we have the ones that are not alive. Things.

La foto.	*La botella.*	*El auto.*
	La carpeta.	
The photo.	*The bottle.*	*The car.*
	The folder.	

In conclusion, <u>a noun can have more than one classification</u>. A common noun can also be abstract, inanimate, compound, or other.

PROPER NOUNS

On the other hand, we have the proper nouns. These nouns are entities, names, places, institutions, and specific words that are written with capital letters.

Juan.	*El Pacífico.*	*La OMS.*
	Los Estados Unidos.	
John.	*The Pacific.*	*The WHO.*
	The United States.	

NOUN PHRASES

Nouns phrases are words that are together and take a specific meaning. They don't only take the place of the subject in a sentence, they can be the direct object, an attribute, adjective, and others.

El dulce de leche.	*El helado de vainilla.*
	La ropa de trabajo.

> *The sweet of milk.* *The vanilla ice cream.*
> *The work clothes.*

OTHER TYPES OF WORDS THAT BECOME A NOUN

In other cases, there are verbs and adjectives that preceded by an article can turn into nouns.

> *El **hacer ruido**.* *El **bien** es lo importante.*
>
> *Making noise.* *Good is the important thing.*

There are a few things you should know when using nouns, not only the type of word it is. But knowing the category will help you choose the correct words around it in a sentence.

Now that you have an idea of the types of nouns there are in Spanish, let's look at important things you should know before using them. The nouns, as it happens with any other word in Spanish, must agree with the number and gender. Remember the articles we talked about? Those are just some of the words that must be used in concordance with the nouns. Any modifier in a sentence has the same number and gender.

NOUNS AND GENDER

Nouns are feminine or masculine. You should know what kind of noun it is. For that, you can check the dictionary at the end. In general… Again, in general…, not always, nouns indicate their gender in the last syllable and the same happens with the number.

Feminine nouns *usually* end in **A**, while masculine nouns usually end in **O**.

> *La abuela.*   *El abuelo.*   *La carta.*   *El oso.*
>
> The grandma.   The grandpa.   The letter.   The bear.

Despite the rules, there are always exceptions.

NOUNS AND NUMBER

The *number* refers to its singular or plural form. Again, the article and the noun should agree.

In Spanish, the plural is formed by adding **S** or **ES** at the end. By now, you should know that there are some types of nouns that have no plural form. Therefore, there are exceptions.

> *La herramienta.*   *Las herramientas.*
> *El reloj.*   *Los relojes.*
>
> The tool.   The tools.
> The watch.   The watches.

In the dictionary at the end of this book, you will find a chart with examples of singular and plural nouns, with their corresponding articles - the ones you studied in Lesson 2 - and the translation into English. You will also find how to form the plural form according to the ending.

Now, let's practice a little bit!

PRACTICE

Read or listen to the description of María's neighborhood and complete the exercises below.

El Vecindario de María

María vive en un barrio modesto, pero tiene vecinos muy amables. Las casas son bajas y no hay edificios. En la cuadra de la casa de María viven muchos niños. Los niños juegan en la calle y la saludan cuando ella va o viene de trabajar. Eso llena de vida el vecindario.

Generalmente, María vuelve de trabajar y hace las compras para su familia. Hay muchos negocios en el vecindario y un solo supermercado grande. María prefiere comprar en los negocios pequeños y así ayudar a los vecinos.

El negocio que más le gusta es la verdulería. Cuando va a la verdulería de Don Carlos, una vez por semana, María se queda mucho tiempo eligiendo la verdura y las frutas que va a comer. Ella y sus padres aman las ensaladas. Siempre compra tomates, lechuga, cebollas, un paquete de espinaca, zanahorias, un melón, manzanas y bananas.

Al lado de la verdulería de Don Carlos, está la carnicería de Felipe. Felipe es un joven muy simpático y servicial excompañero de colegio de María. Se conocen muy bien y compartieron muchos momentos juntos. Felipe tiene

> *un niño pequeño, se llama Mario y tiene cuatro años. María lo adora y siempre le lleva golosinas.*
>
> *En frente de la verdulería y la carnicería está la panadería de la familia López. Los López trabajan juntos en el negocio. María es amiga de la hija, Sofía. Sofía y María siempre van juntas al cine, y hablan de libros y música. Las chicas caminan juntas tres cuadras hasta llegar al club donde aprenden a bailar. Pero hay alguien en la familia López por quien María siente algo especial: Franco, el hijo mayor.*
>
> *Sin embargo, Franco está muy ocupado trabajando en la panadería. Él es quien lleva adelante el negocio y se ocupa de la organización. Franco es alto, elegante y serio. Cada vez que se cruza con María, simplemente le dice "Buenos días, María".*

A. Identify ten nouns in the text, write or think what kind of nouns they are, and make a short sentence. Also, think about gender and number. Are they singular or plural? Are they feminine or masculine? When you write or say the nouns, don't forget to add the articles in front of it.

For example:

> CASA is a common, concrete, individual, countable, inanimate noun.
>
> *La Casa de María es pequeña.*

B. Complete these sentences with a noun from the text.

1. María vive en un …

2. El negocio preferido de María es la …

3. María y sus padres comen mucha …

4. Sofía es la … de María.

5. Franco tiene una …

6. En el vecindario hay solo un …

7. María y Sofía bailan en un …

9. En el vecindario no hay …

10. María le regala … al hijo de Felipe.

C. Think about your neighbourhood and the shops. What kind of shops are there? Where do you usually buy your food? Is there a big supermarket or small shops? Try to answer in Spanish using short sentences. You can use these phrases to help you:

En mi vecindario hay…	**Hay…**
En mi vecindario…	
In my neighborhood there is…	There is/are…
In my neighborhood…	

> ❖ **CULTURAL FACT**
>
> In many countries, there was a curious custom that disappeared with the years; although, it is possible that it may be still present in some places, especially in small towns.

The grocery shops used to have something called 'libreta de fiado.' It consists of a small notebook where the owner had the track of the goods that the clients bought without paying. It was similar to the loans from the banks, but it was registered in written and paid when the clients had the money. This is called 'fiado', and the shop owner only accepted it from regular clients. When a client had an extensive debt with the owner, he usually claimed for the payment or just stopped giving the benefit to the debtor. This used to be the way of shopping in neighborhoods and small towns, where big shopping chains didn't even exist.

After many years and once things started to be different, and obviously owners weren't paid, the shop owners started hanging funny signs with hilarious phrases to suggest the clients not to ask for 'fiado' or warning that they wouldn't sell anything without the payment.

La 'libreta de fiado' vanished and today it is almost impossible to buy goods without paying. But here are some phrases you may still see in some small shops of Latin America:

Yo no me fío del futuro incierto. Mi negocio tampoco.

I do not trust the uncertain future. Neither does my business.

***

Tenemos un servicio exclusivo. Fiamos solo a personas mayores de 150 años, con identificación en mano. Los esperamos.

We have an exclusive service. We sell on credit only to people over 150 years old, with identification in hand. We wait for you.

***

Hoy no se fía, pregunte mañana.

Today, we don't sell on credit; ask us tomorrow.

***

Le salió la jubilación al que daba fiado. Ahora solo negociamos de contado.

Retirement came out to the one who gave credit. Now we only negotiate in cash.

***

Por fiar me puedo arruinar, así que prefiero no arriesgar.

Because if I sell on credit I can be ruined, I prefer not to risk.

***

Si por no fiarte dejas de ser mi amigo, nuestra amistad no era de fiar.

> If by not trusting, you stop being my friend, our friendship was not to be trusted.

EXTRA ACTIVITY

Can you find a noun in Spanish beginning with each letter of the alphabet? Try it!

A	B	C	D	E	F	G	H	I	J
K	L	M	N	Ñ	O	P	Q	R	S
T	U	V	W	X	Y	Z			

Lesson 5 - The Adjectives

The adjectives modify the nouns and pronouns. They describe how something or someone is, and provide more information about the quality, quantity, relations, and other characteristics of an object or subject.

Unlike the adjectives in English, Spanish uses them after the noun, unless we want to emphasize it; but you may find it before the noun in literary texts. There is a similarity with English, though, and that is when the verb to be is used; in this case, you will use the adjective <u>after the verb</u>.

Common use	Emphasis	With the verb To Be
El bolso **rojo**.	El **bello** paisaje.	El parque es **grande**.

Just like the nouns, adjectives must agree in gender and number with the rest of the sentence.

> *<u>La</u> habitación limpia.*   *<u>El</u> sillón amarillo.*
> *<u>Los</u> alumnos estudiosos.*
>
> *The clean room.*   *The yellow sofa.*
> *The diligent students.*

However, there are always exceptions. The adjectives ending in **A** will end in **O** in their masculine form and vice versa; the masculine adjectives will end in **A**. Examples of this are the adjectives above.

> The masculine form of **limpia** is **limpio**, the feminine form of **amarillo** is **amarilla**.

Other adjectives, like the ones ending in **E**, don't change the form; you can use them in feminine or masculine, although they do change the number. For example:

La casa grande.   *El jardín grande.*
Las cocinas grandes.
The big house.   The big garden.
The big kitchens.

When you want to emphasize the adjective to the highest level, you can use **MUY** (very), or you can add *-ísimo* (for masculine) or *-ísima* (for feminine) at the end.

Let's see how the adjectives above look like using this form!

Grande - grandísimo / grandísima
Limpia - limpísimo / limpísima
Bello - bellísimo / bellísima
Rojo - rojísimo / rojísima

Interesting, right?

TYPES OF ADJECTIVES

There are different kinds of adjectives in Spanish. We can categorize them into:

Descriptive

They talk about certain characteristics of the noun, explain how it is, and give details. They are <u>recognized as an adjective even out of context</u>, and they are also divided into different categories:

- The **descriptive adjectives** called **explicativos** in Spanish express the qualities of the noun and they are usually used to emphasize that characteristic. You will usually find them in poetic language.

*La **brillante** sol.*	*La **roja** sangre.*
	*El **claro** cielo.*
The shining sun.	The red blood.
	The clear sky.

- The **descriptive specifying adjectives** add quality to the noun, and that helps to differentiate the noun from the rest.

*El gato **grande**.*	*La computadora **gris**.*
	*El lápiz **corto**.*
The big cat.	The grey computer.
	The short pencil.

(not other cats, the big one; not any computer, the grey one; not other pencils, the short one)

Relational

These adjectives link the noun and the context, giving an idea of belonging.

> *El acto **político**.* *El organismo **estatal**.*
> *El hospital **público**.*
>
> *The political act.* *The state organization.*
> *The public hospital.*

Determiners

These kinds of adjectives have a specific role in a sentence and are there to limit and accompany the noun, but it is not its job to add meaning. They are divided into:

- **Demonstrative adjectives**: They show proximity from the speaker and other participants. In English, you can say THIS, THAT, THESE, THOSE.

> ***Esa** bicicleta es azul.* ***Ese** vaso es frágil.*
> ***Esos** platos están rotos.*
>
> *That bike is blue.* *That glass is fragile.*
> *Those dishes are broken.*

- **Possessive adjectives**: They show belonging.

> *Mi nombre es Lisa.* *El libro es **mío**.*
> *La bolsa es **suya**.*
>
> My name is Lisa. The book is mine.
> The bag is hers.

- **Numeral adjectives**: They show quantity.

> Hay **cinco** clientes. Tengo **mil** dólares.
>
> There are five clients. I have a hundred dollars.

- **Exclamatory adjectives**: They are expressed inside an exclamative sentence.

> *¡**Cuánto** ruido!* *¡**Cuántos** mosquitos!*
>
> How noisy! So many mosquitoes!

- **Interrogative adjectives**: They are expressed inside an interrogative sentence.

> *¿**Cuántas** monedas tienes?* *¿**Cuánta** agua quieres?*
>
> How many coins do you have? How much water do you want?

Adverbial

These types of adjectives are like adverbs. They talk about the concept of expressing time, manner, place, and others. They come <u>before the noun</u> and can not be used in comparative forms.

> *El **actual** presidente.*   *La **futura** tecnología.*
> *El **ineficaz** servicio.*
>
> *The actual President.*   *The future technology.*
> *The inefficient service.*

Although the adjectives usually are around the nouns, it is possible to find them at the end of a sentence, as the object, subject, and also as the predicate.

COMPARATIVE AND SUPERLATIVE ADJECTIVES

Adjectives are also used to make comparisons and talk about superior or inferior quality.

- **Comparatives** allow us to compare <u>two or more things</u> and are formed as follows:

MÁS + ADJECTIVE + QUE (more … que)	MENOS + ADJECTIVE + QUE (menos … que)	TAN + ADJECTIVE + COMO (tan … como)
El perro es más grande que el gato.	Mi casa está menos ordenada que tu casa.	El coche rojo es tan elegante como el coche azul.

| *The dog is bigger than the cat.* | *Your house is less tidy than my house.* | *The red car is as elegant as the blue car.* |

- **Superlative** expresses the highest quality of an adjective. There are two forms:

  o **Relative**: they compare people or things to a lesser or greater degree, and it is formed like this: **ARTICLE + MÁS / MENOS + ADJECTIVE**.
  For example:

  > *María es **la más alta** de todas las maestras.*
  > Mary is the tallest of all the teachers.

  o **Absolute**: In this case, the adjective is not comparing objects or subjects, and it is formed as the relative, but also adding **-ÍSIMO/A/OS/AS** at the end of the adjective.

  > *La prueba es **dificilísima**.*
  > The test is extremely hard.

Now, let's practice!

PRACTICE

Read the text about Franco, the baker from María's neighborhood, and his family; and complete with the adjectives below. Look up in the dictionary if you don't

know the meaning. *Remember > you don't need to understand every word! Try to understand from the context!*

BAJA	OSCURO
ALTÍSIMO	NECESITADA
TRABAJADORA	TRANQUILO
DELGADO	PELADO
RAPIDÍSIMA	LARGO

Franco

Franco López es el panadero del barrio donde vive María. Él vice con Sofía, su hermana, su mamá y su papá. Es una familia muy unida y ………… Franco es un joven callado, ……….. y responsable. Se destaca por hablar poco y hacer mucho. Es alto, elegante, ……….. y morocho. Tiene ojos celestes y cabello marrón …………

A Franco le gusta hacer deporte, específicamente fútbol. Es un gran delantero. Todos los domingos juega al fútbol con sus amigos cuando termina en la panadería.

Su hermana Sofía es la mejor amiga de María y también es docente. Ella trabaja en otro colegio del barrio, pero siempre están juntas. Sofía es ……….., tiene ojos celestes como su hermano, y es algo gordita. Tiene el cabello castaño claro, ……….. y enrulado.

A Sofía le encanta la música ¡y es muy buena bailarina!

Los padres de Franco y Sofía son mayores. Antonio, el padre, tiene poco cabello, es ………..; y tiene los ojos celestes como sus hijos. Es un hombre ……….. y muy serio. Raquel, la mamá de la familia, es bajísima, algo rellenita, y tiene el cabello con rulos como su hija. Ella es ……….. para hacer las cosas, es muy movediza. Es una mujer simpatiquísima y charlatana.

Los López viven en el barrio desde hace muchos años, viven felices, trabajan mucho, pero también disfrutan de ayudar al prójimo. Los López donan los productos que no venden a la gente ……….. todos los días. Franco es quien se encarga de llevar las bolsas de pan y delicias al comedor del barrio.

Now, find a synonym in the text for the following words:

| VECINDARIO - SILENCIOSO - PELO - MAESTRA - DAN - |
| BIENES - MUCHACHO - ANCIANOS - RESIDEN - UN MONTÓN |

> ❖ **CULTURAL FACT**
>
> In the different countries of Latin America, some neighborhoods are like big families. Although this is changing in the present little by little.
>
> In these kinds of neighborhoods, it is common to have reunions, meals, parties, and share special occasions with the neighbors. Families usually know each other from long ago, maybe decades ago, when their grandparents and great-grandparents existed.

These neighborhoods usually have houses, not tall buildings; they have small shops attended by their owners, sometimes the owners are all the members of the families. There are not important highways or avenues near, and people must walk several blocks to use public transport.

This was the real 'vecindario' time ago, and it is still in some places. Even though it is disappearing, we can still find many in the region.

The important aspect of these familiar neighborhoods is that families stay together over time and have strong relationships with other families.

In the past, for young people moving to another property was out of the question, as the great-grandparents used to build the houses with their own hands, and was their dream to establish forever. Those past generations were the ones who built the countries, literally speaking, and moving from the place they had chosen to live in, was not an option.

EXTRA ACTIVITY

Listen to the song "La bicicleta" *by Shakira and Carlos Vives*, and complete with the missing adjectives. You can find it on YouTube!

La bicicleta

Nada voy a hacer

Rebuscando en las heridas del pasado

No voy a perder

Yo no quiero ser un tipo de otro lado

A tu manera, descomplicado

En una bici que te lleve a todos lados

Un vallenato, ……………..

Una cartica que yo guardo donde te escribí

Que te sueño y que te quiero tanto

Que hace rato está mi corazón

Latiendo por ti, latiendo por ti

La que yo guardo donde te escribí

Que te sueño y que te quiero tanto

Que hace rato está mi corazón

Latiendo por ti, latiendo por ti

Puedo ser feliz

Caminando ………… entre la gente

Yo te quiero así

Y me gustas porque eres diferente

A tu manera, ...

En una bici que me lleva a todos lados

Un vallenato desesperado

Una cartica que yo guardo donde te escribí

Que te sueño y que te quiero tanto

Que hace rato está mi corazón

Latiendo por ti, latiendo por ti

La que yo guardo donde te escribí

Que te sueño y que te quiero tanto

Que hace rato está mi corazón

Latiendo por ti, latiendo por ti

Ella es la favorita, la que canta en la zona

Se mueve en su cadera como un barco en las olas

Tiene los pies ....como un niño que adora

Y sus cabellos ....son un sol que te antoja

Le gusta que le digan que es la niña, la Lola

Le gusta que la miren cuando ella baila sola

Le gusta más la casa, que no pasen las horas

Le gusta Barranquilla, le gusta Barcelona

Lleva, llévame en tu bicicleta

Óyeme, Carlos, llévame en tu bicicleta

Quiero que recorramos juntos esa zona

Desde Santa Marta hasta La Arenosa

Todos dicen (Lleva, llévame en tu bicicleta)

Pa' que juguemos bola 'e trapo allá en Chancleta

Que si a Piqué algún día le muestras el Tayrona

Después no querrá irse pa' Barcelona

A mi manera, ……………

En una bici que me lleva a todos lados

Un vallenato desesperado

Una cartica que yo guardo donde te escribí

Que te sueño y que te quiero tanto

Que hace rato está mi corazón

Latiendo por ti, latiendo por ti

La que yo guardo donde te escribí

Que te sueño y que te quiero tanto

Que hace rato está mi corazón

Latiendo por ti, latiendo por ti

Lleva, llévame en tu bicicleta

Óyeme, Carlos, llévame en tu bicicleta

Quiero que recorramos juntos esa zona

Desde Santa Marta hasta La Arenosa

> Lleva, llévame en tu bicicleta
>
> Pa' que juguemos bola 'e trapo allá en Chancleta
>
> Que si a Pique algún día le muestras el Tayrona
>
> Después no querrá irse pa' Barcelona

Lesson 6 - The Prepositions

The prepositions in Spanish are a list of words that, in general, are learned just by using them. It is common at school to memorize the list without so much explanation. But for someone who is learning the language from the beginning, there are a few things to take into account in order to understand their meanings, especially when the language is so different like English.

However, we are sorry to tell you that you will have to learn them almost by heart, with a dictionary and examples!

Prepositions are words that introduce information about reason, place, manner, time, and more. There are **prepositions** and **prepositional phrases**, these are two or more words put together.

The big problem with these words is that they are used differently in each language, and, therefore, they can not be translated easily. Most of them have more than one meaning.

We prepared some examples with the most frequently used prepositions, but don't forget to check your dictionary and learn them as quickly as possible! They will help you a lot to speak Spanish fluently!

These are the most common prepositions and their uses:

A - to/in

When:

- To talk about where we are going to

> *Carlos va **a la** plaza.*
>
> *Charlie goes to the park.*

- To talk about at what time something happened

> *El accidente ocurrió **a la** mañana.*
>
> *The accident happened in the morning.*

- Who we sent, gave, told... something

> *Le di el regalo **a** Rosa.*
>
> *I gave the gift to Rose.*

- To introduce infinitives

> *Voy **a** volver.*
>
> *I will come back.*

Contraction: A + EL

to + the

The word A is combined with the article EL - the masculine form. Check the examples below:

> Ella va **al** país de sus padres.
>
> She goes to the old country.

DE - of/by/from

When:

- To talk about where we come from or whose it is

> *Yo soy **de** Guatemala.*   *Esto es **de** ella.*
>
> I am from Guatemala.   This is hers.

- To say who wrote a text

> *El libro es **de** Ernest Hemingway.*
>
> The book is by Ernest Hemingway.

- What something is made of

> *La caja es **de** madera.*
>
> The box is made of wood.

Contraction: Like the prepositions, A + EL explained above, this preposition **DE** also has a contraction form when a masculine article follows. In English, it is usually translated as the 'S case.

> DE + EL
>
> of + the
>
> Ella es la madre **del** niño.
>
> She is the mother <u>of the</u> boy. / She is the <u>boy's</u> mother.

CON - with

When:

- As accompaniment

> *Luis vino **con** su hijo.*
>
> *Luis came with his son.*

- Combined with other prepositional pronouns

> *María toma leche **con** azucar.   María viene **con**migo.*
>
> *Mary drinks milk with sugar.   Mary comes with me.*

POR and PARA - for/to/because of

When to use POR:

- To talk about the cause of something

> *Ella estudió **por** placer.*
>
> *She studied for pleasure.*

- To talk about what you exchanged

> *Cambié dólares **por** pesos.*
>
> *I exchanged dollars for pesos.*

- Who you do things for

> *Hablo **por** ellos.*
>
> *I talk on behalf of them.*

- To talk about a period of time

> *Me quedo **por** tres días.*
>
> *I stay for three days.*

When to use PARA:

- When you talk about intention or purpose

> *El libro es **para** leer un poco.*
>
> *The book is to read a little bit.*

- To talk about a certain period of time in the future

> *Puedo terminarlo **para** el domingo.*
>
> *I can finish it by Sunday.*

- To talk about where you are going

> *Estoy yendo **para** Bolivia.*
>
> *I am going to Bolivia.*

- To express your opinion

> ***Para** mí es simple.*
> *For me it is simple.*

SIN - without

When:

- To talk about what is missing or what something is lacking

> *El dispositivo viene **sin** batería.*
> *The device comes without a battery.*

EN - in

When:

- To talk about where something or someone is

> *Cintia está **en** Chile.*
> *Cintia is in Chile.*

- To talk about how much time

> *Estaré en casa **en** unos minutos.*
> *I'll be home in a few minutes.*

These are just some of the most used prepositions. There are prepositions of:

- Time

- Movement
- Place

And you can study all of them in the dictionary! Meanwhile, try to put them into practice as much as possible!

PRACTICE

María met Franco in the shopping center. Read the dialogue and put it in order.

> ## *En el Centro Comercial*
>
> **María** - Chau Franco.
>
> **Franco** -¡Espera! Tengo unos minutos hasta que llegue mi amiga, ¿quieres que te acompañe a comprar?
>
> **Franco** - Vamos entonces. ¡Espera! No puedo ir, allí está mi amiga. Está sentada en el café. Nos vemos más tarde María.
>
> **Franco** - Voy a tomar un café con una amiga.
>
> **María** -¡Qué pena! Bueno, hasta luego Franco. Espero que la pases bien con tu amiga.
>
> **Franco** - Hola María, ¿cómo estás? ¿qué estás haciendo en el shopping?
>
> **Franco** - Creo que no. Es compañera de la facultad.

> **María** - Bueno, seguro. Primero voy a comprar unas especias y luego voy a entregar estas telas al negocio del sastre.
>
> **María** - ¡Franco! ¡Qué sorpresa! Tengo que comprar algunas cosas para mi madre. ¿Tú qué haces por acá?
>
> **Franco** - Chau María.
>
> **María** - Oh... ¿conozco a tu amiga?
>
> **María** - Ah, bueno. Me alegro de verte.

Read or listen to the dialogue again and identify all the prepositions. Pay attention to the word/phrase that follows it, and repeat or write below the preposition + the word/phrase.

Example: a comprar (to buy)

> ❖ **CULTURAL FACT**
>
> What are the differences between shopping centers and markets?
>
> When shopping centers appeared in Latin America, they were already commonplace in developed countries. In Latin America, it wasn't until the 90s that these places started to being built. But, what was there before shopping centers?
>
> There were lots of parks, plazas, small owner shops, and markets. We already talked about some of these places. But most of them are taking new shapes, and

this is thanks to globalization and people traveling from one place to another around the world.

Shopping centers started to being built especially in countries where the winter is hard, and also as a way of centralizing all the consumers in one place.

In Latin America, shopping centers are not different from other regions nowadays. They usually have shops of the main brands related to clothing, shoes, technology, entertainment, home, and many other goods. There is always a special place for fast food or restaurants where people take a rest when they are shopping. Everything is of high quality, clean, neat, and usually more expensive!

On the other hand, markets are places where you can buy, most of all, food and fresh vegetables, and they are very different from shopping centers. Their main characteristic is that they are focused on food and drinks, and the majority of the products offered are handmade. Some of these markets are not permanent and move from one neighborhood to another, week after week. In some countries, these markets are called 'ferias.'

So, if you want to eat or drink handcrafted regional delicacies, you can still find them in many countries!

EXTRA ACTIVITY

Watch the trailer of the Mexican movie "La Jaula de Oro" on YouTube:

https://www.youtube.com/watch?v=dpoqS4uUb8o

Below, you will find five extracts from the video with their corresponding timestamps. Listen to them and identify the prepositions you hear in the phrases; repeat them and listen to them several times in context.

0:16 …de Mexicali a Los Angeles

0:34 …nos vamos a ir los tres

0:54 …y ahora pa' (para) donde

1:10 …el número de una persona de Estados Unidos

1:32 …por todo mi cuerpo

Lesson 7 - The Conjunctions

Conjunctions may sound funny because they are usually short words, but we can assure you they can do a lot for our language!

These words are those that join sentences, phrases, words... They link and give the language fluency and set hierarchy to the different parts of speech. They enrich and add different tones to the language.

Grammatically, the conjunctions have only one meaning, but they can vary according to their context. These terms can sometimes be exchanged, and you can decide which one to use, not always is like this, though.

The conjunctions are divided into different groups and subgroups.

COORDINATING

These are the ones that link words, syntagma, sentences from the same syntactic. In this case, the elements can be altered without losing meaning. Their job is just coordinate and link.

- **Cumulative conjunctions**: these types just add more information.

> *María canta, baila y enseña.*
>
> *María sings, dances, and teaches.*

- **Adversative conjunctions**: clarify, correct, or contrast ideas.

> *Franco es trabajador, <u>pero</u> no es conversador.*
> *Franco is hard-working, but he isn't talkative.*

- **Disjunctive/alternative conjunctions**: Provide an alternative.

> *María y Sofía van siempre a bailar <u>o</u> al cine.*
> *Mary and Sofia always go dancing or to the cinema.*

Look how different sentences with and without conjunctions are:

> *Carla estudia español. Emanuel estudia portugués.*
> *Carla studies Spanish. Emanuel studies Portuguese.*
>
> *Carla estudia español <u>y</u> Emanuel estudia portugués.*
> *Carla studies Spanish and Emanuel studies Portuguese.*

SUBORDINATING

These types of conjunctions link words, phrases, syntagma with different hierarchies, which means that if you change the order, the meaning changes or it doesn't make sense.

Subordinating conjunctions are also the link to introduce clauses. What is that? Well, they are sentences, but inside a phrase or text, which means they are inside a more complex structure. They are part of a whole. The clauses can be before or after the conjunction, it depends on the context.

> ***Como** a ella le gustan las golosinas, va al quiosco muchas veces por día.*
>
> *As she likes sweets so much, she goes to the kiosk several times a day.*

These kinds of conjunctions can be subdivided into:

- **Causal**: they are usually related to a clause or mention the cause.

> *La panadería abre los domingos, **pues** mucha gente quiere comprar.*
>
> *The bakery opens on Sundays, as many people want to buy.*

- **Comparison**: they compare something related to the main clause.

> *Ellas pueden bailar horas, **sin que** les duelan los pies.*
>
> *They can dance for hours, without having their feet hurting.*

- **Purpose**: they refer to intentions and objectives.

> *Franco se esfuerza **para que** el negocio funcione.*
>
> *Franco makes an effort so that the business works.*

- **Relative**: they introduce subordinate clauses.

> *Nadie sabe <u>si</u> María gusta de Franco.*
>
> *Nobody knows that Maria likes Franco.*

- **Concession**: these conjunctions contradict the clause.

> *La mamá de María es costurera, <u>aunque</u> más le gusta cocinar.*
>
> *Maria's mother is a dressmaker, although she likes more to cook.*

- **Illative**: they express the logical result of a clause.

> *Las amigas van al cine, <u>luego</u> van a comer.*
>
> *The friends go to the cinema, then they go to eat.*

- **Of time**: of course, they express the time of the main clase.

> *<u>Después de</u> comer en un restaurante, las chicas van a sus casas.*
>
> *After eating in a restaurant, the girls go home.*

- **Consecutive**: In this case, the conjunctions express consequences.

> *El vecindario es grande, <u>de modo que</u> vive mucha gente.*
>
> *The neighborhood is big, so a lot of people live there.*

- **Condition**: these refer to conditional sentences.

> *Los alumnos nunca faltan al colegio, <u>a menos que</u> estén enfermos.*
>
> *The students are never absent unless they are sick.*

The subordinating conjunctions are two or more words together that combined become conjunction. That simple.

Here is an example with and without the conjunction:

> *Él trabaja todos los días. Él quiere progresar.*
>
> *He works every day. He wants to progress.*
>
> *Él trabaja todos los días <u>porque</u> quiere progresar.*
>
> *He works every day because he wants to progress.*

You will find a list of coordinating and subordinating conjunctions in the dictionary. Study them, read the examples again, and lookup an unknown word in a dictionary. Try to think how different the sentences are if you don't have these lovely words!

PRACTICE

Read or listen to the next text, and pay attention to the linking words, that is, the conjunctions. Then, try to change the highlighted conjunctions using others from the dictionary at the end of the book.

¿Vamos al Cine?

*Un día que María estaba hablando con Sofía en la sala de estar de la casa de los López, apareció Franco **y** la invitó a María a ir al cine juntos.*

Franco - ¿Te gustaría ir al cine conmigo, María?

María - ¡Sí! Dijo, tratando de disimular la emoción.

*Franco - ¡Buenisimo! Si te parece, te paso a buscar por tu casa a las 20 h **así** tenemos tiempo de elegir la película.*

*María - Bueno, **pero** si tú invitas al cine, yo pago las bebidas y las palomitas.*

Franco - Trato hecho.

*A las ocho en punto, Franco estaba parado frente a la casa de María, tocó el timbre y enseguida salió ella con una sonrisa en el rostro **que** le iluminaba toda la cara.*

*Hasta ese momento, Franco no se había dado cuenta de lo bonita que era María, **ya que** al conocerse de toda la vida, realmente no había reparado en ella más que como una amiga de la infancia.*

En cambio, María sí tenía noción de lo mucho que le gustaba Franco, pero nunca creyó que compartirían una salida juntos y solos.

***Cuando** llegaron al cine, vieron qué películas estaban en cartelera y ambos mencionaron la misma. Tenían gustos muy parecidos.*

*Había mucha gente, **pero** por suerte pudieron conseguir boletos en buenas ubicaciones para la película que querían ver.*

Como habían acordado, María fue a comprar los refrescos y las palomitas.

*Realmente disfrutaron mucho de la película, **porque** habían elegido una que combinaba suspenso y romance. Pero de lo que más disfrutaron fue de la compañía del otro.*

Cuando Franco acompañó a María hasta la puerta de su casa, les costó separarse, pero lamentablemente ambos debían madrugar para cumplir con sus compromisos laborales.

*María cerró la puerta, pero espió cómo se alejaba Franco, con su andar sereno pero seguro, y se sintió feliz por la cita, **aunque** sintió que el tiempo pasó demasiado rápido. Pensó que le hubiera gustado disfrutar mucho más de la compañía de su amigo especial.*

Franco se fue caminando hasta su casa, ya que no quedaba muy lejos de la de María, y sintió algo que hacía mucho que no sentía. Se había encontrado muy cómodo en compañía de la maestra, disfrutó mucho de la conversación, pero sobre todo de tenerla a su lado.

Now, answer the questions using one to three words.

1 ¿Con quién está hablando María?
2 ¿A dónde la invitó Franco?
3 ¿A qué hora se encuentran María y Franco?
4 ¿Qué compran en el cine?

5   ¿Qué tipo de película ven?

> ❖ **CULTURAL FACT**
>
> One of the big differences between English-speaking countries and Latin America is the way people greet. Greetings are very different in Latin America.
>
> Kisses and hugs are a common way of saying hello and goodbye. But this is a custom among friends and family. On the other hand, formal greetings are used in workplaces and with people who don't know each other, and kisses are not common.
>
> Friends and family hug and kiss each other when they meet, sometimes even when they meet several times a day. It is very usual to say hello and goodbye with a kiss when you go to work or school, or you just leave the house for a few hours.
>
> But people who don't know each other, or have just met, usually shake hands. They don't kiss.
>
> Of course, like everything else, today things are changing, and young people don't like very much to be so close to people whom they don't have an affection for.
>
> However, it doesn't seem this custom is going to disappear in the future. As kissing on the cheek

> or giving a big hug to your brother, sister, mum, dad, grandparents, and even your close friends is something really nice!

EXTRA ACTIVITY

Listen to the song "Suavemente" by Elvis Crespo - you can find it on YouTube, and complete the following exercise.

Answer:

1. How many times does the singer say the word 'bésame'?

2. Who do you think he is talking to?

3. What part of the body does he mention several times?

Lesson 8 - The Adverbs

Adverbs are words that describe mainly the verbs, but they can also describe the adjectives or even another adverb. Luckily for you, these words don't have to agree in number and gender.

Adverbs talk about how, when, or where an action is performed. It is common to find the adverbs after the verbs they are modifying, and just before the adjectives or other adverbs. It is also common to use them at the beginning of a sentence.

These kinds of words are also used to compare, just as the adjectives; and sometimes it is hard to differentiate the adjectives from the adverbs. But this is not your fault! It happens because both words, adjective, and adverb, are written the same way, they are identical.

So, how do you know when you are using one or the other? We mean, if you need to know… Because when you are talking in Spanish, it doesn't really matter if you know how to analyze a sentence, the important thing is to speak correctly and make sense. But the explanation will allow you to understand what we are talking about.

Adverbs are, in general, modifying verbs, actions; while adjectives only modify nouns. So, here you have an example:

> *La señora corre rápido.*
>
> *The man runs fast.*
>
> *El señor es rápido.*
>
> *The man is fast.*

In the first example, RÁPIDO refers to how the man runs, how he performs his action. It is modifying the verb CORRE. It is an **adverb**.

In the second example, RÁPIDO describes the man, a noun. Therefore, it is an **adjective**.

This is clearer when the adverbs end in *-mente*, which is the **-ly** form in English. Many of the adverbs have this ending in Spanish, and that may make it easier to recognize them.

Taking the same examples from above, another way of saying the same thing is:

> *El hombre corre rápidamente.*
>
> *The man runs quickly.*

The short adverbs, such as rápid<u>o</u>, are used in the masculine form; and the adverbs that end in *-mente* are formed using the feminine form of their root, for example, rápid<u>a</u>mente.

Another thing you should know is that, when a sentence has more than an adverb,

you add *-mente* only in the last word. For example:

> *María mira a Franco silenciosa y apasionadamente.*
> *Maria looks at Franco quietly and passionately.*

WHAT KIND OF ADVERBS ARE THERE?

In Spanish, there are adverbs to indicate place, time, degree, quantity, doubt, and affirmative and interrogative. Also, there are comparatives and superlatives!

In order to identify the type of adverb, you need to ask yourself a question. If it is talking about time, the question will be *when, what time, at what time…* If it refers to location, the question will be *where*, and so on.

You will find a complete list of adverbs at the end of the book, in your dictionary! But here you have some examples for each kind:

- **Temporal (time)**

> *El cartero viene <u>mañana</u>. La panadería no abre <u>los lunes</u>.*
> *The postman comes tomorrow.*
> *The bakery doesn't open on Mondays.*

- **Cantidad/Grado (Amount/Degree)**

Tengo <u>mucha</u> sed.	*Ella gana <u>bastante</u> dinero.*
I am very thirsty.	She earns enough money.

- Modo (manner)

María sonrió <u>tímidamente</u>.	*Franco entró <u>silenciosamente</u>.*
Maria smiled timidly.	Franco came in quietly.

- Interrogativo (interrogative)

¿<u>Cuánto</u> cuesta esta torta?	*¿<u>Cómo</u> llego al centro de la ciudad?*
How much is this cake?	How do I get to downtown?

- Afirmativo (affirmative)

<u>Seguramente</u> hace frío afuera.	*<u>Verdaderamente</u>, no entiendo.*
It is surely cold outside.	Truly, I don't understand.

- Negación (negation)

Ella <u>tampoco</u> quiere ir.	*Yo <u>nunca</u> trabajo de noche.*

> She neither wants to go. I never work at night.

- **Duda (doubt)**

> *<u>Probablemente</u> hace calor.* *<u>Quizás</u> sea tarde para salir.*
>
> It is probably hot. Maybe, it is late to go out.

- **Comparative (comparativo)**

These kinds of adverbs, as we said before, compare the actions, and are used as the adjectives we studied in the previous lessons.

Comparative adverbs are formed like this:

> *La niña camina <u>tan rápidamente como</u> el niño.*
>
> The girl walks as quickly as the boy.

The formula you have to remember is:

TAN + ADVERB + COMO

- **Superlativo (superlative)**

Just as adjectives, adverbs can have the form of superlative, and they are formed by adding *-ísimo* at the end.

> *María tiene <u>muchísimo</u> entusiasmo por salir con Franco.*
>
> María is highly enthusiastic about dating Franco.

THE ORDER OF THE ADVERBS

In Spanish, it is not like in English. Adverbs will take a position depending on what you want to highlight.

Adverbs of quantity and manner usually go after the verb.

> *Los alumnos juegan <u>mucho</u> con María. Ellos se ríen <u>locamente</u>.*
>
> The students play a lot with María. They crazily laugh.

When the adverb applies to the complete sentence, it can go between the subject and the verb.

> *El hombre <u>tampoco</u> sabe hablar inglés. El hombre no sabe hablar inglés <u>tampoco</u>.*
>
> The man also cannot speak English. The man can't speak English either.

When the adverb is modifying an adjective or an adverb, it should go before.

> *Sofía sabía <u>muy bien</u> cómo hablar inglés.*
>
> Sofía knew very well how to speak English.

Some adverbs, such as the ones that indicate time, manner, and place, can go at the beginning.

> *<u>Verdaderamente</u>, no sé cómo empezar.*
> *<u>Ocasionalmente</u>, ella viene a comprar.*
>
> Truly, I don't know how to start.
> Occasionally, she comes to buy.

PRACTICE

El Inicio de Una Hermosa Relación

Luego de la salida al cine, Maria y Franco comenzaron a frecuentarse y a compartir tiempo juntos. Cuando sus respectivos compromisos laborales lo permitían, ya que Franco trabajaba mucho en la panadería y María tenía muchas tareas como docente, trataban de encontrar tiempo para disfrutar de la compañía del otro.

A María se la veía muy feliz y había encontrado en Franco a una persona muy sensible, con quien compartía gustos y hobbies. A María le gustaba la música y bailar, y a Franco también le gustaba escuchar música. Aunque él no bailaba muy bien, decía que quería aprender.

Franco buscaba cualquier excusa para ir a buscar a María a la escuela de baile. Al ir con Sofía, su hermana, Franco decía que quería acompañarlas para que no regresaran solas.

Por otro lado, María había nacido en España, y Franco, aunque era de ascendencia latina, había nacido y crecido en los EEUU. Franco no escribía muy bien, y uno de sus mayores anhelos, y que hasta ese momento no lo había compartido con nadie, era poder mejorar su escritura en español y sorprender a sus padres con una carta escrita de su puño y letra. En ella les diría lo orgulloso que estaba de ellos y que sabía de todo el esfuerzo que hicieron durante toda su vida para que tanto él como su hermana Sofía pudieran tener una educación y una vida feliz.

Franco jugaba al fútbol los fines de semana con sus amigos, y María era fanática de este deporte, aunque le daba vergüenza contarlo. A Franco esto le pareció fantástico, y le preguntó si le gustaría ir a verlo jugar y luego compartir la tarde juntos.

A María le encantaba cocinar, y Franco era un experto en todo lo que tiene que ver con la panadería, así que, no era raro que María cocinara para Franco y que el panadero la sorprendiera con algún postre espectacular.

Cada vez que podían disfrutaban de sus hobbies, pero lo más importante era que habían encontrado a alguien con quien compartir sus aficiones, y gracias a esto, se sentían tan felices que ya no imaginaban volver a hacer estas cosas sin la compañía del otro.

Answer the following questions using adverbs with the *-mente* ending. If the answer is not in the text, think about it and try a guess.

1. ¿Cómo baila María?

2. ¿Cómo baila Franco?

3. ¿Cómo juega Franco al fútbol?

4. Cuando Franco piensa en sus padres, lo hace...

5. María se sentía ... enamorada.

Now, try to put the following adverbs in the text.

Rápidamente - gratamente - habilidosamente - diaramente - eternamente

> ❖ **CULTURAL FACT**
>
> In Latin American countries, as we have explained before, the family, friends, and the place of birth are sacred. People cherish the place where they were born, the family reunions, and the traditions all their lives.
>
> Sometimes, people continue living in the same neighborhood their parents did, and in many cases, young people don't even leave their parents' house. They live in the same house, of they built another one very close, including in the same land.
>
> Long ago, leaving the family to start a new life, study or work abroad was out of the question. Globalization and communication brought different ways of living and making decisions, but if something remains untouched for Latins is how important family and friends are, even when they move far from the neighborhood.
>
> However, when that happens, coming back to the place where they were born means seeing and visiting old friends and spending time together.
>
> For Latin American people, parents and grandparents are very special. The ties are very strong and last forever!

EXTRA ACTIVITY

Watch the following video
https://www.youtube.com/watch?v=7mh70iEeiH8 **and think about the phrases this mother says, and also see what she is doing in each situation.**

- Have you heard any of these phrases in your language?
- Did your mum say these or similar phrases?
- What is the woman doing in each situation?
- Who is she talking to?
- What does she say at the end?

Lesson 9 - Imperatives

Imperatives in Spanish work very similar to English. It refers to an order, instruction or direction. They are used to tell someone else what to do, but they are different according to the person you are talking to.

Imperatives are used to talk to the pronouns TÚ, USTED, USTEDES, and when the speaker is included in the action, YO and NOSOTROS.

- These commands are usually used with other phrases to be polite, such as *por favor, sería tan amable de, disculpe*
- They are not used with personal pronouns
- We always use the present tense

Pronoun	Affirmative	Negative
TÚ	*¡Estudien mucho!* Study a lot!	*¡No estudien tanto!* Don't study so much!
VOS	*¡Estudiá mucho!* Study a lot!	*¡No estudies tanto!* Don't study so much!
USTED	*Cierre la puerta, por favor.* Close the door, please.	*No cierre la puerta, por favor.* Don't close the door, please!

USTEDES	*Abran las ventajas.* *Open the windows.*	*No abran las ventanas.* *Don't open the windows.*
NOSOTROS/AS	*Leamos el texto de la página 2.* *Let's read the text on page 2.*	*No leamos tan rápido!* *Let's not read so fast!*
VOSOTROS/AS	*Hablad fuerte!* *Speak loud!*	*No salgáis del aula!* *Don't go out of the classroom!*

There are a lot of rules regarding the ending of the verbs and exceptions, which you will see in the dictionary; however, at this stage, it is not necessary to study those examples because they will just confuse you! We highly recommend just following the examples, look up at the dictionary and, in this case, learn the verb conjugations so you understand how to form the imperative.

PRACTICE

En el Hospital

Un domingo, Franco fue a jugar su habitual partido de fútbol con sus amigos. Ellos ya sabían de su amistad especial con María, y también sabían de lo serio y reservado que era el panadero; por eso se alegraban de verlo feliz, pero ninguno se animaba a hacerle ningún comentario al respecto.

Ese domingo, María no pudo acompañar a Franco, ya que tenía que terminar de corregir unos exámenes y debía entregar los resultados ese mismo lunes.

Como cualquier otro partido, Franco fue a saltar para disputar una pelota, al caer sintió un dolor muy agudo en su tobillo izquierdo. Era tan grande el dolor que le era imposible levantarse y caminar. Se había esguinzado, y era necesario llevarlo hasta el hospital para que lo revisara un especialista.

Uno de sus amigos llamó a la casa de Franco para avisarle a su familia. Por suerte, atendió Sofía, de esta forma podría evitar que sus padres se preocuparan sin necesidad. Obviamente, luego de comentarle a sus papás lo que había ocurrido con Franco, Sofía tenía que llamar a María para ponerla al tanto de la lesión de Franco.

María no lo dudó un instante y fue al hospital para acompañar a su novio.

Cuando sus amigos llevaron a Franco al hospital, su tobillo parecía un melón y se había empezado a poner morado. Por suerte, al ser deportistas todos, sabían que lo primero que tenían que hacer era quitarle el calzado y las vendas, y luego era importante conseguir hielo para colocar inmediatamente sobre la lesión. Estos primeros pasos fueron fundamentales para ayudar a mitigar el dolor.

Dos amigos lo ayudaron a moverse hasta la guardia del hospital, donde tenían que esperar que un médico lo revisara.

> *En ese momento llegó María, se la veía muy preocupada por Franco, y ambos se aliviaron cuando se vieron.*
>
> *Por suerte, el médico que tenía que revisarlo no demoró mucho y constató que la lesión no era grave, y que fue solamente un susto, muy doloroso, pero susto al fin.*
>
> *Le recetó reposo y unos calmantes, e inmovilizó el tobillo lastimado con una venda firme. Le dijo que tenía que mantener la pierna levantada el mayor tiempo posible y evitar desplazarse si podía evitarlo.*

The following verbs are in the text. Find them in the dictionary, learn their meaning and write/say them in the infinitive form, and then use the infinitive to create a command.

- *jugar*
- *acompañar*
- *terminar*
- *corregir*
- *entregar*
- *saltar*
- *levantarse*
- *avisarle*
- *llamar*
- *empezado*
- *ayudar*
- *moverse*
- *dijo*

❖ **CULTURAL FACT**

Spanish and Latin American food and drinks are very different from those from English-speaking countries. Each country has its own traditions and kind of food, and although today we can find everything on the Internet, not everybody knows about other countries' menus. But the difference is not only in the food but in the way of cooking as well. So, we want to introduce you to Latin American food, and here we list the traditional food of some countries in the region. Enjoy!

Perú - cebiche

Argentina - Asado

Colombia - Bandeja paisa

Chile - Pastel de choclo

Cuba - Ropa vieja

Venezuela - Pabellón criollo

Ecuador - Encebollado

Bolivia - Silpancho

Paraguay - Sopa paraguaya

Brasil - Feijoada

Uruguay - Parrillada uruguaya

Panamá - Sancocho

Puerto Rico - Cuchifritos

> Nicaragua - Nacatamal
>
> República Dominicana - Bandera
>
> México - Tacos

EXTRA ACTIVITY

Look at the list of traditional food in different countries and find the recipe on the internet. Rewrite it in Spanish using imperatives. For example: *Cut the potatoes in half.*

Lesson 10 - Exclamation and Interrogation

First of all, you need to know what a sentence is in order to talk about exclamation and interrogation.

Sentences are structures that usually have a subject, predicate, and other grammatical parts. Spanish is similar to English in many aspects, but there are some different things. An example of these differences is the use of exclamation and interrogation marks.

There are different kinds of sentences in Spanish. They are classified in:

PERSONAL

These structures consist of a sentence that has its subject and verb.

> *La <u>señora</u> <u>regala</u> dulces a los niños.*
> *The woman gives sweets to the children.*

IMPERSONAL

In these cases, the verbs are conjugated in the 3rd persona singular, and they have no subject.

> *<u>Es necesario</u> corregir las pruebas.*
> *It is necessary to correct the tests.*

Personal and impersonal sentences are classified into:

- **Declarativas** (declarative) - when it confirms or denies something. At the same time, these sentences are divided into:

  > *La maestra explica las tareas.*
  > *The teacher explains the homework.*

  o **Afirmativas** (affirmative)

  > *Ella tiene dos hermanos.*
  > *She has two brothers.*

  o **Negativas** (negative)

- **Interrogativas** (interrogative) - These are questions and, just as in English, they can be direct or indirect.

  > *¿No tienes una moneda?*
  > *Don't you have a coin?*

- **Exclamativas** (exclamatory) - These confirm or deny something with exclamation and emphasis.

  > *¡Cuánta gente hay aquí!*
  > *So many people in here!*

- **Imperativas** (imperative) - They are the commands, orders or instructions.

  > *¡Camina más rápido!*
  > *Walk faster!*

There are also simple and compound sentences. The first ones are those with a subject and predicate, while the second ones are those that have more than one clause (and are more complicated!)

THE ORDER OF THE SENTENCES

The common order in a sentence is:

subject + predicate + direct object + indirect object

> *Los alumnos compran los libros en la librería del vecindario.*
>
> *The students buy the books in the neighborhood's library.*

Nevertheless, there are different kinds of sentences beyond the ones we are studying, but at this point, we don't need to go so far.

NEGATION

You must already know that in Spanish we use the word NO before the verb to make a sentence negative. But there are also other words that indicate negation. For example, nadie (nobody). And there may also be a double negative. This is something very common in Spanish.

> *María <u>no</u> le dice a <u>nadie</u> que gusta de Franco.*
>
> *María doesn't say to anyone that she likes Franco.*

This is how you form the questions:

subject + no + indirect object pronoun + direct object pronoun + predicate

Also, the use of more than one of the following words together, NO, NADIE, NUNCA, TAMPOCO, is frequent.

> **_Nadie_ vino a comprar hoy.   _Nunca_ _nadie_ dice la verdad.**
>
> Nobody came to buy it today.   Nobody ever says the truth.

QUESTIONS

The words we use to ask questions in Spanish are the following:

- *CÓMO - HOW*
- *QUÉ - WHAT*
- *CUÁL - WHICH*
- *CUÁNTO - HOW MUCH*
- *CUÁNTOS - HOW MANY*
- *POR QUÉ - WHY*
- *DÓNDE - WHERE*

The types of questions in Spanish are:

- **Closed** - In these cases, the answers to the questions are always yes or no. These are formed **subject + verb + object**. They can have two forms:
- *Yes-no questions*: when there are two possibilities to answer them, YES or NO.

> *¿Tienes coche?*
> Do you have a car?

- **Questions with two options**: when the speaker gives options, usually when talking about preferences.

> *¿Prefieres el coche rojo o el azul?*
> *Do you prefer the red or the blue car?*

- **Open-ended** - They are formed using the following structure, **question word + verb + subject**.

> *¿Dónde vas tú?* *¿Quién es ella?*
> *Where are you going?* *Who is she?*

- **Direct** - They are asked directly to the audience.

> *¿Por qué no abren sus libros?* *¿Tienes torta de chocolate?*
> *Why don't you open the books?* *Do you have chocolate cake?*

- **Indirect** - These are the 'if' questions, and they don't have a question mark.

> *No sé por qué no me llamas por teléfono.* *Quiero saber si vienes.*
> *I don't know why you don't phone me.* *I want to know when you are coming.*

PRACTICE

La Boda

1. María se dedicó a cuidar a Franco mientras estuvo recuperándose de la lesión, y aunque el panadero no quería dejar sus obligaciones, su padre y su madre se hicieron cargo y todo funcionó de manera normal.

2. A partir de ese momento, tanto Franco como María se dieron cuenta que no querían separarse nunca más, y Franco le propuso casamiento a María.

3. María lloraba de la emoción y nunca fue tan feliz como en ese momento. Franco también estaba feliz y le dijo a María que quería compartir esta alegría con su familia, entonces organizaron una comida en casa de los López.

4. Pero Franco tenía preparada una gran sorpresa para María. Y es que le había comprado el anillo de compromiso y había invitado a los padres de María en secreto.

5. Todo estuvo muy bien planeado, y Sofía, la hermana de Franco y mejor amiga de María, fue la cómplice perfecta para que María no sospechara nada.

6. En ese momento, los padres entraron por la puerta y María no pudo contener la emoción y lloró emocionada. Ahora sí que se sintió plenamente feliz. Fue una hermosa reunión que todos disfrutaron y se alegraron por los futuros esposos. Tanto María como Franco eran adultos y no querían una fiesta de casamiento muy grande, sino más bien una reunión íntima con los más allegados.

7. Ellos mismos se encargaron de organizar todo, y toda la familia de Franco colaboró con el menú y los preparativos. Pudieron usar el salón donde María practicaba danza para realizar la fiesta. Ambos coincidieron en que ese era un lugar muy especial y querían festejar su casamiento ahí.

8. La boda fue perfecta, al igual que la fiesta. Maria estaba preciosa con su vestido blanco, y Franco parecía que toda la vida había llevado smoking. Todo salió muy bien y los padres de ambos congeniaron a la perfección desde el primer momento. Los alumnos de María asistieron a la iglesia para compartir ese momento de felicidad con su maestra, así como los vecinos del barrio que querían saludar a su panadero.

Match the following titles with one of the paragraphs from the text. Which are the best titles for each part of the story?

- La propuesta
- Un barrio de festejo
- Compartiendo la felicidad
- Amiga del alma
- Planificando la boda
- La sorpresa
- María cuida a Franco en el hospital
- Una gran emoción

❖ CULTURAL FACT

When it comes to punctuality and managing time, it is fair to say that Latin American people and Spanish people, in general, don't share the structured attitude English people have. Everybody knows that Spanish and Latins are not as punctual as English people. There isn't any specific information about why that happens, but we can say that in Latin American countries time is more flexible, as everything else.

It is very common to assist to a certain event in any country from Latin America and have to wait because they never start on time!

People are used to this and don't complain, because most of them share the same characteristic. The same can happen when you have an appointment with a doctor, dentist, or other professional. Sometimes, you may have to wait more than an hour to go into the doctor's room.

So, if you are traveling to any of these countries and someone tells you "en cinco minutos estoy", take a seat and buy yourself something to drink because *cinco minutos* may last *una hora*!

EXTRA ACTIVITY

Read the following poem by Pablo Neruda and look at the underlined phrases. Turn them into negative and interrogative. Here is an example:

Quiero que sepas una cosa > ¿quiero que sepas una cosa? No quiero que sepas una cosa

Si Tú Me Olvidas	*If You Forget Me*
Quiero que sepas una cosa	I want you to know one thing.
Tú sabes cómo es esto: si miro la luna de cristal, la rama roja del lento otoño en mi ventana, si toco junto al fuego la impalpable ceniza o el arrugado cuerpo de la leña, todo me lleva a ti, como si todo lo que existe, aromas, luz, metales, fueran pequeños barcos que navegan hacia las islas tuyas que me aguardan.	You know how this is: if I look at the crystal moon, at the red branch of the slow autumn at my window, if I touch near the fire the impalpable ash or the wrinkled body of the log, everything carries me to you as if everything that exists, aromas, light, metals, were little boats that sail toward those isles of yours that wait for me.
Ahora bien, si poco a poco dejas de quererme dejaré de quererte poco a poco. Si de pronto me olvidas no me busques, que ya te habré olvidado.	Well, now, if little by little you stop loving me I shall stop loving you little by little. If suddenly you forget me do not look for me, for I shall already have forgotten you.

Si consideras largo y loco el viento de banderas que pasa por mi vida y te decides a dejarme a la orilla del corazón en que tengo raíces, piensa que en ese día, a esa hora levantaré los brazos y <u>saldrán mis raíces a buscar otra tierra</u>. Pero si cada día, cada hora <u>sientes que a mí estás destinada</u> con dulzura implacable. Si cada día sube una flor a tus labios a buscarme, ay amor mío, ay mía, en mí todo ese fuego se repite, en mí nada se apaga ni se olvida, mi amor se nutre de tu amor, amada, y mientras vivas <u>estará en tus brazos</u> sin salir de los míos.	If you think it long and mad, the wind of banners that passes through my life, and you decide to leave me at the shore of the heart where I have roots, remember that on that day, at that hour, I shall lift my arms and my roots will set off to seek another land. But if each day, each hour, you feel that you are destined for me with implacable sweetness, if each day a flower climbs up to your lips to seek me, ah my love, ah my own, in me, all that fire is repeated, in me, nothing is extinguished or forgotten, my love feeds on your love, beloved, and as long as you live it will be in your arms without leaving mine.

Lesson 11 - The Accent

Many words in Spanish have an accent. Of course, there are rules to understand when to put the accent, but depending on the level you are, it may or may not be wise to study them. Anyways, our job is to explain WHY and WHEN the accents should be present, so you will find the explanation below, but it would be great if you pay attention to them when you read in order to remember and learn that a word has it - from the beginning.

First of all, all the words have a stressed syllable, but the difference in Spanish is that sometimes you also identify the stressed syllable with the accent.

This '*written accent*' is called **tilde**, and only vowels have them. Don't confuse the type of accent, as other languages like French use it from a different angle. So, here is how you write the accent:

> ***Ellas completan los exámenes.***
>
> *They complete the exams.*

If you mistook the accent, you may be saying something different. Therefore, it is important to recognize where the stress in a word is. So, let's revise this:

- All words have a stressed syllable
- Not all the words have a written accent

TYPES OF STRESS

The **oxytone words** (palabras agudas) have the stress on the last syllable, and you should write the accent on the last syllable IF they en in N, S, or VOWEL.

sillón	*París*	*estrés*	*perdón*
sofa	Paris	stress	pardon

The **paroxytone** words (palabras graves) have stress on the second-to-last syllable. And they have a written accent only if they don't finish in N, S, or VOWEL.

Written accent:

lápiz	*mármol*		*árbol*
		túnel	
Pencil	marble	tree	tunnel

No written accent:

Comen	*mesa*	*colegio*	*mira*
They eat	table	school	he/she looks

The **proparoxytone** words (palabras esdrújulas) ALWAYS have a written accent, and you recognize them because they are stressed in the third-to-last syllable.

exámenes	*sábado*
miércoles	
exams	Saturday
Wednesday	

The **proparoxytone** words (palabras sobreesdrújulas) have an accent on any syllable before the third-to-last.

ágilmente	*cuéntamelo*
skillfully	tell it to me

Of course, there are exceptions, but for now, we are done with accents!

Although, there are some important things you should know, and we explain below.

Some words have an accent so we can differentiate them from similar ones. These words are pronounced the same and have different meanings, so you need to write the accent.

They are called **homónimos** (homonyms.)

de - dé	*el - él*
of - gives	the - he
Si - sí	
if - yes	

Also, question words **ALWAYS** have a written accent, whether they are or not inside question marks.

¿Cómo te llamas?	*Dime quién eres.*
	¿Cuándo viene tu amiga?
What's your name?	Tell me who you are.
	When does your friend come?

But these words don't have an accent when they are used as pronouns.

> *Me encanta <u>cuando</u> voy al cine.* *Ella habla <u>como</u> experta.*
>
> *I love when I go to the cinema. She speaks as an expert.*

PRACTICE

En el Aeropuerto

Los amigos de Franco y María querían ser partícipes de la felicidad de la pareja, y entre todos decidieron obsequiarles la luna de miel. Una semana en un hermoso hotel frente a la playa. El regalo incluía los billetes de avión y el día siguiente a la fiesta de casamiento debían ir al aeropuerto a tomar el vuelo que los llevaría a unas merecidas vacaciones.

La pareja de recién casados estaba exhausta, pero feliz. Las emociones habían sido abrumadoras y habían logrado sentir el cariño de todos.

Cuando se despertaron, lograron terminar de cerrar las maletas y ya los estaban esperando para llevarlos al aeropuerto.

Toda la familia se despidió de ellos ,y una vez en el auto, empezaron a darse cuenta de que eran marido y mujer, y que empezaban su luna de miel.

Cuando llegaron al aeropuerto, estaban parados en la puerta cada uno con su maleta y con el billete en la mano.

Tenían que apurarse porque habían llegado con el tiempo justo, ya que el tráfico había estado bastante complicado en un tramo y los hizo retrasar un poco. Por suerte, ambos son muy organizados y están acostumbrados a mantener una rutina; gracias a esto, habían salido con tiempo.

Las terminales son iguales en cualquier lugar del mundo: mucha gente que va de un lado para el otro, siempre con mucha prisa, intentando encontrar su lugar de embarque.

Franco y María se acercaron a la ventanilla de su línea aérea y presentaron sus billetes, despacharon sus maletas y confirmaron sus asientos. Una vez que ya tenían todo perfectamente resuelto, buscaron en la pantalla el número de su vuelo para encontrar la puerta de embarque y acercarse hasta allí a esperar el llamado para subir al avión.

María y Franco se divirtieron observando cómo se comportaba la gente en el aeropuerto hasta que llegó la hora de partir. La pareja encontró su puerta de embarque y no pasó mucho tiempo hasta que se anunciara el vuelo.

Había mucha gente esperando para abordar el vuelo, la mayoría eran parejas que seguramente iban a disfrutar de sus vacaciones y esto hacía que el ambiente en el avión fuera bastante relajado.

María y Franco se emocionaron de alegría y se abrazaron enérgicamente, un poco ya disfrutando del viaje.

Look at the words in the text that have written accents and write them under the correct column according to their type.

Aguda	Grave	Esdrújula	Sobreesdrújula

> ❖ **CULTURAL FACT**
>
> Latin American people are known for having a cheerful and enthusiastic personality.
>
> In general, the exclamation is a very common type of expression. It is usual to see teenagers shouting and screaming on the street, people singing and speaking loudly.
>
> This characteristic comes, in many cases, from the ancestry immigration from European countries, especially Spain and Italy. Latin American people are mostly descendants of these nationalities.
>
> Latins use different tones of voice when they are speaking, they are expressive and loud. And this can be connected to the greetings we talked about in the previous lessons. Sometimes, they seem to

exaggerate the gestures and use parts of their bodies a lot when having a conversation.

This Latino strength is well known around the world!

EXTRA ACTIVITY

Listen to the song "Despacito" by Luis Fonzi - find it on YouTube! And... put the missing accent in the words. We have highlighted the lines where there is a word that needs an accent.

> ***Si, sabes que ya llevo un rato mirandote***
>
> *Tengo que bailar contigo hoy (DY)*
>
> ***Vi que tu mirada ya estaba llamandome***
>
> ***Muestrame el camino que yo voy***
>
> *Oh*
>
> ***Tu, tu eres el iman y yo soy el metal***
>
> *Me voy acercando y voy armando el plan*
>
> *Solo con pensarlo se acelera el pulso*
>
> *Oh yeah*
>
> ***Ya, ya me esta gustando mas de lo normal***
>
> ***Todos mis sentidos van pidiendo mas***
>
> ***Esto hay que tomarlo sin ningun apuro***
>
> *Despacito*

Quiero respirar tu cuello despacito

Deja que te diga cosas al oido

Para que te acuerdes si no estas conmigo

Despacito

Quiero desnudarte a besos despacito

Firmar las paredes de tu laberinto

Y hacer de tu cuerpo todo un manuscrito (sube, sube, sube)

(Sube, sube) Oh

Quiero ver bailar tu pelo

Quiero ser tu ritmo (eh-oh) (uh-oh, uh-oh)

Que le enseñes a mi boca (eh-oh) (uh-oh, uh-oh)

Tus lugares favoritos (eh-oh) (favoritos, favoritos baby)

Dejame sobrepasar

Tus zonas de peligro (eh-oh) (uh-oh, uh-oh)

Hasta provocar tus gritos (uh-oh, uh-oh)

Y que olvides tu apellido (diridiri, dirididi Daddy)

Yo se que estas pensandolo (yeh)

Llevo tiempo intentandolo (yeh)

Mami, esto es dando y dandolo

Sabes que tu corazon conmigo te hace bam bam

Sabe que esa beba 'ta buscando de mi bam bam

Ven prueba de mi boca para ver como te sabe (eh-eh)

Quiero, quiero, quiero ver cuanto amor a ti te cabe

Yo no tengo prisa, yo me quiero dar el viaje

Empezamo' lento, despues salvaje

Pasito a pasito, suave suavecito

Nos vamos pegando poquito a poquito

Cuando tu me besas con esa destreza

Veo que eres malicia con delicadeza

Pasito a pasito, suave suavecito

Nos vamos pegando, poquito a poquito (oh oh)

Y es que esa belleza es un rompecabezas (oh no)

Pero pa montarlo aquí tengo la pieza (slow, oh yeah)

Despacito (yeh, go)

Quiero respirar tu cuello despacito (yeh)

Deja que te diga cosas al oido (yeh)

Para que te acuerdes si no estás conmigo

Despacito

Quiero desnudarte a besos despacito (yeh)

Firmar las paredes de tu laberinto

Y hacer de tu cuerpo todo un manuscrito (sube, sube, sube)

(Sube, sube) Oh

Quiero ver bailar tu pelo

Quiero ser tu ritmo (eh-oh) (uh-oh, uh-oh)

Que le enseñes a mi boca (eh-oh) (uh-oh, uh-oh)

Tus lugares favoritos (eh-oh) (favoritos, favoritos baby)

Déjame sobrepasar

Tus zonas de peligro (eh-oh) (uh-oh, uh-oh)

Hasta provocar tus gritos (uh-oh, uh-oh)

Y que olvides tu apellido (eh-oh)

Despacito

Vamo' a hacerlo en una playa en Puerto Rico

Hasta que las olas griten "Ay, bendito"

Para que mi sello se quede contigo (bailalo)

Pasito a pasito, suave suavecito (hey yeah, yeah)

Nos vamos pegando, poquito a poquito (oh no)

Que le enseñes a mi boca (eh-oh) (uh-oh, uh-oh)

Tus lugares favoritos (eh-oh) (favoritos, favoritos baby)

Pasito a pasito, suave suavecito

Nos vamos pegando, poquito a poquito (eh-oh)

> *Hasta provocar tus gritos (eh-oh) (Fonsi)*
>
> *Y que olvides tu apellido (DY)*
>
> *Despacito*

Lesson 12 - Reflexive Pronouns

We have come to the last lesson and we think it is important to learn the reflexive pronouns, which are used a lot in Spanish!

The problem for English-speaking people is that they don't exist in their language, at least not in the same way, and sometimes that makes it difficult to understand. But don't worry! You will learn them quickly and we'll do our best to make it simple! You already saw them somewhere in the texts you read in previous lessons.

WHAT ARE THEY?

The reflexive pronouns go with the verbs. They are used according to the subject and the number. The action performed by the subject has an impact on <u>himself</u>. If we want to translate these pronouns into English, we can say they are the *-self* endings.

Subject	Reflexive pronoun
Yo	Me
Tú	Te
Él/ella/usted	Se
Nosotros	Nos
Vosotros	Os
Ellos/ellas/ustedes	se

Examples:

> *Yo <u>me</u> voy al parque ¿vienes?*
>
> *I go to the park. ¿Are you coming?*
>
> *Tú <u>te</u> vas al parque.*
>
> *You go to the park.*
>
> *Él <u>se</u> va al parque.*
>
> *He goes to the park.*
>
> *Nosotros <u>nos</u> vamos al parque ¿vienes con nosotros?*
>
> *We go to the park ¿are you coming with us?*
>
> *Vosotros <u>os</u> váis al parque.*
>
> *You go to the park.*
>
> *Ellos <u>se</u> van al parque.*
>
> *They go to the park.*

Also, there are reflexive verbs, and those agree with the subjects as well.

> *Tengo que ir<u>me</u>.* (Yo tengo que irme)
>
> *I have to go.*

WHERE DO YOU PUT THEM?

The reflexive pronouns go:

- Before the verb

> *Nosotros <u>nos reímos</u>.*
>
> We laugh.

- Before the word NO in negative imperatives

> *¡<u>No te</u> pares!*
>
> Don't stand up!

- At the end of the verb in affirmative imperatives

> *¡Pára<u>te</u>!*
>
> Stand up!

- Before a verbal phrase

> *Él <u>se va al</u> parque.*
>
> He goes to the park.

- After the infinitive of a phrasal verb

> *Él <u>va a comprarse</u> ropa.*
>
> He goes to buy himself clothes.

- Before or after the verb to be + gerund

> *María <u>se está</u> cambiando.*
>
> *María <u>está</u> cambiándo<u>se</u>.*
>
> María is changing (herself).

PRACTICE

En el Hotel

Luego de un vuelo tranquilo, Franco y María llegaron a su lugar de destino.

Y tal como estaba todo preparado, a la salida del aeropuerto donde se retiran las maletas, había un enviado del hotel esperando para recogerlos y llevarlos hasta su regalo de bodas.

Para llegar al hotel, el transporte tomó una carretera que iba costeando la playa y les permitía a la pareja disfrutar de la vista del mar.

Cuando por fin llegaron al hotel, ambos quedaron maravillados al ver que se trataba de uno de los mejores hoteles de la zona.

La entrada del hotel era un lugar muy amplio, con una zona despejada en la que se veía gente entrando y saliendo.

Se acercaron a la recepción para registrarse y que les asignaran su habitación. Obviamente, les habían asignado la suite nupcial. Una hermosa habitación con vista al mar. Desde sus ventanas se podía disfrutar de la salida del sol por un lado y de la puesta por el otro.

Una vez que dejaron las maletas, no quisieron perder el tiempo y se fueron a caminar por las instalaciones del hotel. Tenía playa propia y desde la parte trasera se bajaba directamente al mar.

La playa privada incluia reposeras y sombrillas, y hasta un pequeño restaurante para comer a pie de playa. Obviamente, los recién casados tenían reservada una mesa en ese hermoso lugar para disfrutar de una cena romántica a la orilla del mar.

Para aquellas personas que preferían quedarse, el hotel contaba con una piscina enorme con agua transparente y confortables sillones para tomar el sol sin ensuciarse con la arena de la playa. Alrededor de la pileta había colocadas reposeras y toallas, y en una esquina había una barra para ir a buscarse algo para beber.

El lugar tenía varias zonas para comer y beber, cada una con una temática diferente, ya que había comida para todos los gustos; italiana, española, mexicana, asiática, y mucho más. Las barras para bebidas no se quedaban atrás y también había una amplísima carta para satisfacer todos los gustos.

Música suave y personal dedicado a solucionar cualquier pedido de los huéspedes completaban una atmósfera idílica y paradisíaca.

La pareja estaba feliz, y sentían gratitud para con sus seres queridos, iban a disfrutar su luna de miel en un hermoso lugar, que era el reflejo de su propia alegría.

PRACTICE

Complete the sentences using a reflexive pronoun.

1. Los niños …. (bañarse) todas las noches.

2. Mis hermanos … (levantarse) a las 8 de la mañana.

3. Franco … (peinarse).

4. María … (vestirse) rápidamente.

5. ¿Cómo … (llamarse) ella?

6. Nosotros … (sentarse) en este lugar.

7. Yo … (mirarse) en el espejo ¡y veo canas!

8. Él … (afeitarse) todos los sábados.

9. María y Sofía … (juntarse) en el club.

10. Mis padres … (divorciarse).

> ❖ **CULTURAL FACT**
>
> The Caribbean is one of the most visited places around the world, right? Well, we know exactly why. Sunny days, wonderful white beaches, transparent ocean, the music, the food, the drinks, the hotels, wow! Everything seems so perfect… And it is very attractive!
>
> The region of Latin American countries is characterized for having hot and nice weather all the time, all year. And that is another big difference with English-speaking countries, which in general have just a few months of hot summer.
>
> And this beautiful weather in these incredible countries has an impact on many other things and, of course, on people.

> Latinos show a higher enthusiasm, more flexibility, a relaxed personality, all the things we've been talking about in this book.
>
> No doubt the sun has a big influence on people! You can see how they usually dress in colorful clothes, light fabrics, sandals, hats... And all that, makes them move in a different way.
>
> That form of living, eating, drinking and entertaining, make them develop a different attitude towards life! An attitude that could be beneficial for anyone!

Look at the following video and discover how different is the vocabulary in the countries from Latin America. Learn the word from the country you want!

https://www.youtube.com/watch?v=qJLms794m9c

Final Exam

Read or listen to an extract of an article published in a BBC Future on 14 July 2020, and complete the reading comprehension activity below.

Cuál es la mejor edad para aprender un idioma

Por Sophie Hardach

Los adultos jóvenes también pueden ser buenos estudiantes de idiomas. Es una mañana fresca en la "Spanish Nursery", una guardería bilingüe en el norte de Londres, Reino Unido. Los padres ayudan a sus hijos a quitarse cascos y chaquetas de ciclismo, mientras los maestros saludan a los niños con un abrazo y un alegre "¡Buenos días!". En el patio de recreo, una niña pide, en español, que le recojan el cabello en una "coleta", y luego hace rodar una pelota y grita "¡Atrápala!" en inglés. "A esta edad, los niños no aprenden un idioma, lo adquieren", dice la directora de la escuela, Carmen Rampersad.

Eso parece resumir la envidiable falta de esfuerzo de los pequeños políglotas que la rodean.
Para muchos de los niños de esta guardería, el español es un tercer o incluso cuarto idioma. Sus lenguas maternas incluyen croata, hebreo, coreano y neerlandés. Y si uno compara esto con la lucha que para un adulto promedio implican las clases de idiomas, sería fácil concluir que es mejor comenzar desde muy joven.

La ciencia, sin embargo, ofrece una visión mucho más compleja de cómo evoluciona nuestra relación con los idiomas a lo largo de la vida, y hay mucho para alentar a los principiantes tardíos. **Una ventaja de aprender en la niñez es un mejor acento.** En términos generales, las diferentes etapas de la vida nos dan diferentes ventajas en el aprendizaje de idiomas.

Como bebés tenemos un mejor oído para diferentes sonidos, y como niños pequeños podemos recoger acentos nativos con una velocidad asombrosa. Como adultos, sin embargo, tenemos períodos de atención más largos y habilidades cruciales, como la alfabetización, que nos permiten ampliar continuamente nuestro vocabulario, incluso en nuestro propio idioma.

Y una gran cantidad de factores más allá del envejecimiento, como las circunstancias sociales, los métodos de enseñanza e incluso el amor y la amistad, pueden afectar la cantidad de idiomas que hablamos y qué tan bien lo hacemos.

Aprovechando al máximo el cerebro

"No todo empeora con la edad", dice Antonella Sorace, profesora de desarrollo lingüístico y directora del Centro de Asuntos de Bilingüismo de la Universidad de Edimburgo, Escocia. Y como ejemplo ofrece lo que se conoce como "aprendizaje explícito": el estudiar un idioma en un salón de clases con un maestro explicando las reglas. **Los adultos entienden mejor las reglas.** "Los niños pequeños son muy malos en el aprendizaje explícito, porque no tienen el control cognitivo y las capacidades necesarias de atención y memoria", explica Sorace.

Los adultos son mucho mejores en eso.

A. Answer the questions using short sentences.

1. ¿Dónde está la Spanish Nursery?

2. ¿Cómo saludan los maestros a los niños?

3. ¿Cómo se llama la directora de la escuela?

4. ¿Qué lenguas hablan los niños?

5. ¿Cuál es la ventaja de aprender un idioma en la niñez?

6. ¿Cuándo es mejor comenzar?

7. ¿Qué permite ampliar nuestro vocabulario como adultos?

8. ¿Qué puede afectar la cantidad de idiomas que hablamos?

9. ¿Cuál es la profesión de Antonella Sorace?

10. ¿Quiénes entienden mejor las reglas?

B. Find in the text the following types of words:

5 adjectives:

5 nouns:

5 verbs:

5 prepositions:

2 affirmative sentences:

2 negative sentences:

1 exclamation:

C. Choose the correct option.

1. Los niños ... más rápido que los adultos.

Aprender   aprenden   aprendo

2. Estudiar idiomas es más fácil ... los niños.

Por   de   para

3. Los niños pronuncian correcta y ...

Fluidez   fluida   fluidamente

4. ... adulto puede hablar varios idiomas.

Un   una   unos

5. Hablar varios idiomas tiene muchas ...

Ventajas   ventaja

6. ... científicos estudian las ventajas de hablar idiomas.

La   lo   los

7. ¿Por ... es importante ir a la escuela?

Que   qué

8. Las maestras enseñan … los niños.

Con   a   en

9. ¿… están los alumnos?

Donde   cuál   dónde

10. Los resultados de los exámenes … buenos.

Son   fue   fueron

D. Write/say a synonym of the following words.

- jóvenes
- idiomas
- pequeños
- adulto
- **ventaja**
- diferentes
- velocidad
- períodos
- métodos
- profesora

E. Use the words above to write/say a short sentence.

Example: Los jóvenes son alegres.

Answer Key

LESSON 1

TRUE or FALSE

11. Paula y Ana son estudiantes. TRUE
12. Ellas están en su casa. FALSE
13. María es maestra. TRUE
14. María es inteligente. TRUE
15. Paula está calmada. FALSE
16. Ana es de Chile. FALSE
17. Paula es de Guatemala. TRUE
18. Paula está feliz. TRUE
19. María es estudiante. FALSE
20. Ana es de Guatemala. FALSE

EXTRA ACTIVITY

Si te vas	Si te vas
No, no, no, no me voy a matar	No, no, no, no te voy a extrañar
Sabés, mejor	Sabes, mejor
Lleváte si querés el televisor	Yo desconocía tu inclinación
Mientras hacés la valija	Te decidiste
Escuchá esta canción	Te definiste
	sos feminista
Si y te vas	Y yo machista
No, no, no, no voy a llorar	Andá por la sombra y cerrá bien el portón
Sabés, mejor	*(Coro)*

> No queda otra que la separación
> Si te llevás la cama, chuchi
> Dejáme el colchón
>
> *Te vas con tu amiga*
> *Feminista perdida*
> *Tus modernos inventos*
> *Que son puro cuento*

LESSON 2

1. ¿Qué es María? Ella es maestra.

2. ¿Cuántos años tiene María? María tiene 30 años.

3. ¿Es divertida? Sí.

4. ¿Cuál es su nacionalidad? Española.

5. ¿Qué le gusta hacer a María? La música, cantar, bailar y hablar idiomas.

LESSON 3

Conjugation of the regular verbs:

- SALTAR
- LADRAR
- REZAR
- CAZAR
- CANTAR
- TIRAR

- USAR
- BESAR
- PASEAR
- CAMINAR

B. Complete the sentences using one word from the text.

1. María se levanta a las 7 a.m.

2. Todas las mañanas toma un enorme café.

3. María almuerza en el colegio.

4. Al mediodía, María escucha música.

5. Sus alumnos la adoran.

6. Termina de trabajar a las 4 p.m.

7. Despés del trabajo, María toma clase de baile.

8. María baila con Antonio.

9. Se va a dormir a las 9 p.m.

10 . Antes de dormir, María mira TV.

LESSON 4

B. Complete these sentences with a noun from the text.

1. María vive en un vecindario.

2. El negocio preferido de María es la verdulería.

3. María y sus padres comen mucha ensalada.

4. Sofía es la amiga de María.

5. Franco tiene una panadería.

6. En el vecindario hay solo un supermercado.

7. María y Sofía bailan en un club.

9. En el vecindario no hay edificios.

10. María le regala golosinas al hijo de Felipe.

LESSON 5

PRACTICE

Franco

Franco López es el panadero del barrio donde vive María. Él vice con Sofía, su hermana, su mamá y su papá. Es una familia muy unida y trabajadora Franco es un joven callado, tranquilo y responsable. Se destaca por hablar poco y hacer mucho. Es alto, elegante, delgado y morocho. Tiene ojos celestes y cabello marrón oscuro.

A Franco le gusta hacer deporte, específicamente fútbol. Es un gran delantero. Todos los domingos juega al fútbol con sus amigos cuando termina en la panadería.

Su hermana Sofía es la mejor amiga de María y también es docente. Ella trabaja en otro colegio del barrio, pero siempre están juntas. Sofía es baja, tiene ojos celestes como su hermano, y es algo gordita. Tiene el cabello castaño claro, largo y enrulado.

A Sofía le encanta la música ¡y es muy buena bailarina!

Los padres de Franco y Sofía son mayores. Antonio, el padre, tiene poco cabello, es pelado; y tiene los ojos celestes como sus hijos. Es un hombre altísimo y muy serio. Raquel, la mamá de la familia, es bajísima, algo rellenita, y tiene el cabello con rulos como su hija. Ella es rapidísima para hacer las cosas, es muy movediza. Es una mujer simpatiquísima y charlatana.

Los López viven en el barrio desde hace muchos años, viven felices, trabajan mucho, pero también disfrutan de ayudar al prójimo. Los López donan los productos que no venden a la gente necesitada todos los días. Franco es quien se encarga de llevar las bolsas de pan y delicias al comedor del barrio.

Now, find a synonym in the text for the following words:

VECINDARIO - BARRIO

SILENCIOSO - CALLADO

PELO - CABELLO

MAESTRA - DOCENTE

DAN - DONAN

BIENES - PRODUCTOS

MUCHACHO - JOVEN

ANCIANOS - MAYORES

RESIDEN - VIVEN

UN MONTÓN - MUCHOS

EXTRA ACTIVITY

La Bicicleta

Nada voy a hacer

Rebuscando en las heridas del pasado

No voy a perder

Yo no quiero ser un tipo de otro lado

A tu manera, descomplicado

En una bici que te lleve a todos lados

Un vallenato, desesperado

Una cartica que yo guardo donde te escribí

Que te sueño y que te quiero tanto

Que hace rato está mi corazón

Latiendo por ti, latiendo por ti

La que yo guardo donde te escribí

Que te sueño y que te quiero tanto

Que hace rato está mi corazón

Latiendo por ti, latiendo por ti

Puedo ser feliz

Caminando relajada entre la gente

Yo te quiero así

Y me gustas porque eres diferente

A tu manera, despelucado

En una bici que me lleva a todos lados

Un vallenato desesperado

Una cartica que yo guardo donde te escribí

Que te sueño y que te quiero tanto

Que hace rato está mi corazón

Latiendo por ti, latiendo por ti

La que yo guardo donde te escribí

Que te sueño y que te quiero tanto

Que hace rato está mi corazón

Latiendo por ti, latiendo por ti

Ella es la favorita, la que canta en la zona

Se mueve en su cadera como un barco en las olas

Tiene los pies descalzos como un niño que adora

Y sus cabellos largos son un sol que te antoja

Le gusta que le digan que es la niña, la Lola

Le gusta que la miren cuando ella baila sola

Le gusta más la casa, que no pasen las horas

Le gusta Barranquilla, le gusta Barcelona

Lleva, llévame en tu bicicleta

Óyeme, Carlos, llévame en tu bicicleta

Quiero que recorramos juntos esa zona

Desde Santa Marta hasta La Arenosa

Todos dicen (Lleva, llévame en tu bicicleta)

Pa' que juguemos bola 'e trapo allá en Chancleta

Que si a Piqué algún día le muestras el Tayrona

Después no querrá irse pa' Barcelona

A mi manera, descomplicado

En una bici que me lleva a todos lados

Un vallenato desesperado

Una cartica que yo guardo donde te escribí

Que te sueño y que te quiero tanto

Que hace rato está mi corazón

Latiendo por ti, latiendo por ti

La que yo guardo donde te escribí

Que te sueño y que te quiero tanto

Que hace rato está mi corazón

Latiendo por ti, latiendo por ti

Lleva, llévame en tu bicicleta

> Óyeme, Carlos, llévame en tu bicicleta
>
> Quiero que recorramos juntos esa zona
>
> Desde Santa Marta hasta La Arenosa
>
> Lleva, llévame en tu bicicleta
>
> Pa' que juguemos bola 'e trapo allá en Chancleta
>
> Que si a Pique algún día le muestras el Tayrona
>
> Después no querrá irse pa' Barcelona

LESSON 6

María met Franco in the shopping center. Read the dialogue and put it in order.

Read or listen to the dialogue again and identify all the prepositions. Pay attention to the word/phrase that follows it, and repeat or write below the preposition + the word/phrase.

María - ¡Franco! ¡Qué sorpresa! Tengo que comprar algunas cosas para mi madre. ¿Tú qué haces por acá?

Franco - Voy a tomar un café con una amiga.

María - Oh... ¿conozco a tu amiga?

Franco - Creo que no. Es compañera de la facultad.

María - Ah, bueno. Me alegro de verte.

Franco -¡Espera! Tengo unos minutos hasta que llegue mi amiga, ¿quieres que te acompañe?

María - Bueno, seguro. Primero voy a comprar unas especias y luego voy a entregar estas telas al negocio del sastre.

Franco - Vamos entonces. ¡Espera! No puedo ir, allí está mi amiga. Está sentada en el café. Nos vemos más tarde María.

María -¡Qué pena! Bueno, hasta luego Franco. Espero que la pases bien con tu amiga.

Franco - Chau María.

María - Chau Franco.

EXTRA ACTIVITY

Watch the trailer of the movie "La Jaula de Oro" on YouTube:

Below, you will find five extracts from the video with their corresponding timestamps. Listen to them and identify the prepositions you hear in the phrases; repeat them and listen to them several times in context.

0:16 ...de Mexicali a Los Angeles

0:34 ...nos vamos a ir los tres

0:54 ...y ahora pa' (para) donde

1:10 ...el número de una persona de Estados Unidos

1:32 ...por todo mi cuerpo

LESSON 7

These are just examples:

¿Vamos al Cine?

Un día que María estaba hablando con Sofía en la sala de estar de la casa de los López, apareció Franco, quien la invitó a María a ir al cine juntos.

Franco - ¿Te gustaría ir al cine conmigo, María?

María - ¡Sí! Dijo, tratando de disimular la emoción.

Franco - ¡Buenisimo! Si te parece, te paso a buscar por tu casa a las 20 h, entonces tenemos tiempo de elegir la película.

María - Bueno, aunque si tú invitas al cine, yo pago las bebidas y las palomitas.

Franco - Trato hecho.

A las ocho en punto, Franco estaba parado frente a la casa de María, tocó el timbre y enseguida salió ella con una sonrisa en el rostro la cual le iluminaba toda la cara.

Hasta ese momento, Franco no se había dado cuenta de lo bonita que era María, quizás al conocerse de toda la vida, realmente no había reparado en ella más que como una amiga de la infancia.

En cambio, María sí tenía noción de lo mucho que le gustaba Franco, pero nunca creyó que compartirían una salida juntos y solos.

Después de que llegaron al cine, vieron qué películas estaban en cartelera y ambos mencionaron la misma. Tenían gustos muy parecidos.

Había mucha gente, aunque por suerte pudieron conseguir boletos en buenas ubicaciones para la película que querían ver.

Como habían acordado, María fue a comprar los refrescos y las palomitas.

Realmente disfrutaron mucho de la película, ya que habían elegido una que combinaba suspenso y romance. Pero de lo que más disfrutaron fue de la compañía del otro.

Cuando Franco acompañó a María hasta la puerta de su casa, les costó separarse, pero lamentablemente ambos debían madrugar para cumplir con sus compromisos laborales.

María cerró la puerta, pero espió cómo se alejaba Franco, con su andar sereno pero seguro, y se sintió feliz por la cita, sin embargo sintió que el tiempo pasó demasiado rápido. Pensó que le hubiera gustado disfrutar mucho más de la compañía de su amigo especial.

Franco se fue caminando hasta su casa, ya que no quedaba muy lejos de la de María, y sintió algo que hacía mucho que no sentía. Se había encontrado muy cómodo en compañía de la maestra, disfrutó mucho de la conversación, pero sobre todo de tenerla a su lado.

Now, answer the questions using one to three words.

6 ¿Con quién está hablando María? Franco.

7 ¿A dónde la invitó Franco? Al cine.

8 ¿A qué hora se encuentran María y Franco? 20 h.

9 ¿Qué compran en el cine? Refrescos y palomitas.
10 ¿Qué tipo de película ven? Suspenso y romance.

Listen to the song "Suavemente" by Elvis Crespo - you can find it on YouTube, and complete the following exercise.

Answer:

1. How many times does the singer say the word 'bésame'? ¡Muchísimas! 😊

2. Who do you think he is talking to? Su novia.

3. What part of the body does he mention several times? Labios.

LESSON 8

Answer the following questions using adverbs with the *-mente* ending. If the answer is not in the text, think about it and try a guess.

1. ¿Cómo baila María? Hábilmente

2. ¿Cómo baila Franco? Terriblemente

3. ¿Cómo juega Franco al fútbol? Rápidamente

4. Cuando Franco piensa en sus padres, lo hace sensiblemente

5. María se sentía apasionadamente enamorada.

Now, try to put the following adverbs in the text.

Rápidamente - gratamente - habilidosamente - diaramente - eternamente

EXTRA ACTIVITY

Watch the following video https://www.youtube.com/watch?v=7mh70iEeiH8 and think about the phrases this mother says, and also see what she is doing in each situation.

- Have you heard any of these phrases in your language?
- Did your mum say these or similar phrases?
- What is the woman doing in each situation?
- Who is she talking to?
- What does she say at the end?

Now, try to put the following adverbs in the text.

These are just examples:

El Inicio de Una Hermosa Relación

Luego de la salida al cine, Maria y Franco comenzaron a frecuentarse y a compartir tiempo juntos. Cuando sus respectivos compromisos laborales lo permitían, ya que Franco trabajaba diaramente mucho en la panadería y María tenía muchas tareas como docente, trataban de encontrar tiempo para disfrutar de la compañía del otro.

A María se la veía muy feliz y había encontrado en Franco a una persona gratamente muy sensible, con quien compartía gustos y hobbies. A María le gustaba la música y bailar, y a Franco también le gustaba escuchar música. Aunque él no bailaba muy bien, decía que quería aprender.

Franco buscaba cualquier excusa para ir a buscar a María a la escuela de baile. Al ir con Sofía, su hermana, Franco decía que quería acompañarlas para que no regresaran solas.

Por otro lado, María había nacido en España, y Franco, aunque era de ascendencia latina, había nacido y crecido en los EEUU. Franco no escribía muy bien, y uno de sus mayores anhelos, y que hasta ese momento no lo había compartido con nadie, era poder mejorar su escritura en español rápidamente y sorprender a sus padres con una carta escrita de su puño y letra. En ella les diría lo orgulloso que estaba de ellos y que sabía de todo el esfuerzo que hicieron durante toda su vida para que tanto él como su hermana Sofía pudieran tener una educación y una vida feliz.

Franco jugaba al fútbol los fines de semana con sus amigos, y María era fanática de este deporte, aunque le daba vergüenza contarlo. A Franco esto le pareció fantástico, y le preguntó si le gustaría ir a verlo jugar y luego compartir la tarde juntos.

A María le encantaba cocinar, y Franco era un experto en todo lo que tiene que ver con la

> *panadería, así que, no era raro que María cocinara habilidosamente para Franco y que el panadero la sorprendiera con algún postre espectacular.*
>
> *Cada vez que podían disfrutaban de sus hobbies, pero lo más importante era que habían encontrado a alguien con quien compartir sus aficiones, y gracias a esto, se sentían tan felices que ya no imaginaban volver a hacer estas cosas sin la compañía del otro eternamente.*

LESSON 9

The following verbs are in the text. Find them in the dictionary, learn their meaning and write/say them in the infinitive form, and then use the infinitive to create a command.

These are just examples:

- *jugar* - ¡juega mejor!
- *acompañar* - ¡acompáñame!
- *terminar* - ¡termina la sopa!
- *corregir* - corrige ese texto
- *entregar* - entreguen la tarea
- *saltar* - ¡salta ahora!
- *levantarse* - levántate y camina
- *avisarle* - avísanos cuando llegas
- *llamar* - llamen al médico
- *empezado* - empieza a rezar
- *ayudar* - ¡ayúdalo!
- *moverse* - mueve esa silla, por favor

- *dijo* - *Dime cómo te llamas*

LESSON 10

Match the following titles with one of the paragraphs from the text. Which are the best titles for each part of the story?

- La propuesta 2
- Un barrio de festejo 8
- Compartiendo la felicidad 3
- Amiga del alma 5
- Planificando la boda 7
- La sorpresa 4
- María cuida a Franco en el hospital 1
- Una gran emoción 6

EXTRA ACTIVITY

Read the following poem by Pablo Neruda and look at the underlined phrases. Turn them into negative and interrogative. Here is an example:

- Tú sabes cómo es esto

Tú no sabes cómo es esto.   ¿Tú sabes cómo es esto?

- dejaré de quererte poco a poco

No dejaré de quererte poco a poco.   ¿Dejaré de quererte poco a poco?

- saldrán mis raíces a buscar otra tierra

No saldrán mis raíces a buscar otra tierra. ¿Saldrán mis raíces a buscar otra tierra?

- sientes que a mí estás destinada

No sientes que a mí estás destinada. ¿No sientes que a mí estás destinada?

- estará en tus brazos

No estará en tus brazos. ¿Estará en tus brazos?

LESSON 11

Look at the words in the text that have written accents and write them under the correct column according to their type.

Aguda	z	Grave	Esdrújula	Sobreesdrújula
avión		María	tráfico	enérgicamente
recién		querían	número	
despidió		incluía		
están		llevaría		
allí		habían		
avión		línea		
llegó		aérea		
encontró		tenían		
pasó		cómo		
		mayoría		
		alegría		

EXTRA ACTIVITY

Listen to the song "Despacito" by Luis Fonzi - find it on YouTube! And... put the missing accent in the words. We have highlighted the lines where there is a word that needs an accent.

Si, sabes que ya llevo un rato mirándote

Vi que tu mirada ya estaba llamándome

Muéstrame el camino que yo voy

Tú, tú eres el imán y yo soy el metal

Ya, ya me está gustando más de lo normal

Todos mis sentidos van pidiendo más

Esto hay que tomarlo sin ningún apuro

Deja que te diga cosas al oído

Para que te acuerdes si no estás conmigo

Déjame sobrepasar

Yo sé que estás pensándolo (yeh)

Llevo tiempo intentándolo (yeh)

Mami, esto es dando y dándolo

Sabes que tu corazón conmigo te hace bam bam

Ven prueba de mi boca para ver cómo te sabe (eh-eh)

Empezamo' lento, después salvaje

LESSON 12

PRACTICE

Complete the sentences using a reflexive pronoun.

1. Los niños se bañan (bañarse) todas las noches.

2. Mis hermanos se levantan (levantarse) a las 8 de la mañana.

3. Franco se peina (peinarse).

4. María se viste (vestirse) rápidamente.

5. ¿Cómo se llama (llamarse) ella?

6. Nosotros nos sentamos (sentarse) en este lugar.

7. Yo me miro (mirarse) en el espejo ¡y veo canas!

8. Él se afeita (afeitarse) todos los sábados.

9. María y Sofía se juntan (juntarse) en el club.

10. Mis padres se divorcian (divorciarse).

FINAL EXAM

A. **Answer the questions using short sentences.**

1. ¿Dónde está la Spanish Nursery? Londres, Reino Unido.

2. ¿Cómo saludan los maestros a los niños? Con un abrazo y un alegre "¡Buenos días!"

3. ¿Cómo se llama la directora de la escuela? Carmen Rampersad.

4. ¿Qué lenguas hablan los niños? Croata, hebreo, coreano y neerlandés.

5. ¿Cuál es la ventaja de aprender un idioma en la niñez? Un mejor acento.

6. ¿Cuándo es mejor comenzar? Desde muy joven.

7. ¿Qué permite ampliar nuestro vocabulario como adultos? La alfabetización.

8. ¿Qué puede afectar la cantidad de idiomas que hablamos? El envejecimiento, las circunstancias sociales, los métodos de enseñanza, el amor y la amistad.

9. ¿Cuál es la profesión de Antonella Sorace? Profesora y directora.

10. ¿Quiénes entienden mejor las reglas? Los adultos.

C. Choose the correct option.

1. Los niños ... más rápido que los adultos.

aprender   aprenden   **aprendo**

2. Estudiar idiomas es más fácil ... los niños.

por   **de**   para

3. Los niños pronuncian correcta y ...

fluidez   **fluida**   fluidamente

4. ... adulto puede hablar varios idiomas.

un   **una**   **unos**

5. Hablar varios idiomas tiene muchas ...

ventajas   **ventaja**

6. ... científicos estudian las ventajas de hablar idiomas.

la   **lo**   los

7. ¿Por ... es importante ir a la escuela?

que   qué

8. Las maestras enseñan ... los niños.

con   a   **en**

9. ¿... están los alumnos?

donde   **cuál**   dónde

10. Los resultados de los exámenes ... buenos.

son   **fue**   fueron

Spanish - English Dictionary

A

a	to
abonar	pay
abra	open
actriz	actress
adiós	good bye
aeropuerto	airport
agua	water
aguarde	wait
ahora	now
ajustado	tight
ajuste	tights
al	to the
algo	something
alguna	some
alta	tall
anginas	tonsillitis
años	years
apellido	last name
aprenderé	will learn
aquel	that one
aquella	that one
aquellas	those
aquellos	Those
aquí	here
asiento	seat
atención	attention
auto	car
ayudar	help
ayudo	help
azúcar	sugar

B

banana	banana
bananas	bananas
bancaria	bank

bien	good
bienvenida	welcome
billetes	bill
blusa	blouse
boca	mouth
Bogotá	Bogota
bolsas	bags
bolso	backpack
botella	bottle
brillo	sheen
buena	good
buenas	good
buenos	good
buenos días	good morning
buscando	looking for

C

caja	cash register
cajera	cashier
calidad	quality
camión	truck
camiones	trucks
canción	song
cansada	tired
caro	expensive
carta	letter
casa	house
casas	houses
cebollas	onions
cena	dinner
cero	zero
cheque	check
chofer	driver
chupetín	lollipop
cinturón	belt
cita	appointment
cobrar	collect / charge
coche	car
cocino	cook
colegio	school
color	color

comer	eat
cómo	how
compra	buys / purchase
comprar	buy / purchase
comprobante	receipt
computador	computer
con	with
conocerte	know you
contenta	happy
corriendo	running
corto	short
cosa	thing
creo	think
cuál	which
cualquier	any
cuando	when
cuándo	when?
cuántos	how many?
cuenta	account
cuerpo	body
cuesta	costs

D

dar	give
de	of
debe	must / should
debo	must / owe / should
dejo	leave
del	of the / from the
departamento	flat
depositar	deposit
desayuna	has breakfast
desayuno	have breakfast
desea	wishes
días	days
dinero	money
dirección	address
doctor	doctor
documento	document
dónde	where?
dos	two

duele	hurts
durmiendo	sleeping

E

efectivo	cash
el	the
él	he
elegantes	elegant
elijo	choose
ella	she
ellas	they
ellos	they
embarque	boarding pass
empresa	company
en	in
encantado	pleased
ensalada	salad
enseguida	soon
entregar	deliver
equipaje	baggage
eres	are
es	is
esa	that
esas	those
escribiendo	writing
ese	that
España	Spain
español	Spanish
esta	this
está	is
estáis	are
estamos	are
están	are
estas	these
estás	are
este	this
estos	these
estoy	am
estudiar	study

F

fácil	easy
familia	family
favorito	favorite
feliz	happy
feos	ugly
fiambrería	delicatessen
fiebre	fever
fiestas	parties
fileto	filetto
fines de semana	weekends
firmar	sign
firme	sign
flan	pudding
frutas	fruit

G

garganta	throat
gata	cat
gatos	cats
gordo	fat
gracias	thank you
gramos	grams
grande	big
grandes	big
gustan	like
gustaría	would like

H

habitación	room
habla	talks
hace	does
haciendo	doing
hasta	until / to
hasta luego	see you later
helado	ice-cream
hermosa	beautiful
hija	daughter
hijo	son
hijos	sons
hogar	home
hola	hello / hi
hombre	man

hombres	men
hora	hour
horno	oven
hotel	hotel

I

ideas	ideas
igual	same
índice	index
individual	individual
interno	extension
Italia	Italy

J

jamón cocido	prosciutto
jugar	play
jugo	juice

K

kilo	kilo
kiosco	kiosk

L

la	the
largo	long
las	the
lasaña	lasagna
leche descremada	low-fat milk
levanto	raise
limpia	cleans
limpios	clean
lindo	nice
llamar	call
llave	key
llegamos	arrive
lleno	full
lleva	takes
llevar	take
llevo	take
lo	that which is / the
los	the
luna	moon
lunes	Monday

M

madre	mother
manejo	drive
manzanas	apples
mañana	tomorrow
marido	husband
más	more
me	me / to me
media pensión	half board
médium	medium
Méjico	Mexico
menú	menu
mi	my
mía	mine
mías	mine
minuto	minute
mío	mine
míos	mine
mirando	looking / watching
mis	my
moderno	modern
momento	moment
monedas	coins
moto	motorcycle
muchas	many
mucho	a lot
muchos	many
mujer	woman
muy	very

N

necesita	needs
negro	black
nieve	snow
niña	girl
niñas	girls
niño	boy
niños	boys
no	no
noche	night

nombre	name
nos vemos	see you
nosotros	we / us
nuestra	our
nuestras	our
nuestro	our
nuestros	our
número	number

Ñ

ñandú	rhea

O

opción	option
operadora	operator
oso	bear

P

padre	father
paga	pays
pagar	pay
pago	pay
pan	bread
papas	potatoes
paquete	package
para	for / to
paréntesis	parenthesis
pase	pass / come in
pastas	pasta
pensión completa	full board
pequeño	small
perdón	sorry / excuse me
perfecto	perfect
permítame	let me
perro	dog
perros	dogs
pide	asks
piensa	thinks
pierde	loses
piso	floor
poco	little
pocos	a few

poeta	poet
pollo	chicken
por ahora	for now
por favor	please
por qué	why?
por supuesto	of course
porque	because
postre	dessert
prefiere	prefers
prefiero	prefer
preocupe	worry
primero	first
probador	changing room
profesión	occupation / profession
próxima	next
próximo	next
puede	can
puedo	can

Q

que	what / that
qué	what?
que descanse	sleep well
queda	stays
queso	cheese
quiere	wants
quiero	want

R

rápido	fast / quickly
recepción	reception
recepcionista	receptionist
receta	recipe
regresar	come back
remedio	medicine
repite	repeats
reserva	reservation
reservada	booked
reservó	booked
resfrío	cold
resto	rest
retiro	pick up / take

Spanish	English
rojo	red
Roma	Rome
ropa	cloth
rosa	pink

S

sachet	sachet
saldo	balance
salsa	sauce
saltando	jumping
se	himself / herself / themselves / itself / each other
secretaria	secretary
seguro	sure
semana	week
señor	mister
señora	madam
señorita	lady
servicio	service
si	if
sí	yes
siente	feels
siento	feel
simpáticos	nice
sol	sun
soles	suns
solo	only
son	are
soy	am
su	his / her / their / your (politely)
suave	soft
sucede	happens
sucias	dirty
sucios	dirty
sus	his / her / their / your (politely)
suya	hers
suyas	hers
suyo	his / her / their / your (politely)
suyos	his / her / their / your (politely)

T

Spanish	English
talle	size

Spanish	English
tarde	late / afternoon
tareas	tasks / homework
tarjeta de crédito	credit card
taxista	taxi driver
taza	cup / mug
teléfono	telephone
televisión	television
tenemos	have
tener	have
tengo	have
teniendo	having
termino	finish
tienda	shop
tiene	has
tienen	have
tienes	have
timidez	shyness
tipo	kind / type
todo	everything / all
todos	everybody / everyone
tomar	take / drink
tome	take / drink
trabajando	working
trabajar	work
trabajo	work / job
traigo	bring
traviesa	naughty
travieso	naughty
tres	three
trigo	wheat
tu	your
tus	your
tuya	yours
tuyas	yours
tuyo	yours
tuyos	yours

U

un	a / an
una	one / a / an

único	unique
uña	nail
usa	uses
usted	you (politely)

V

va	goes
vamos	let´s go / go
vaso	glass
vendedora	saleswoman
vengo	come
venta	sale
verdulería	greengrocer´s
verdulero	greengrocer
vestidos	dresses
viaja	travels
viaje	trip
viene	comes
vino	came
vive	lives
viven	live
vives	live
vivimos	live
vivís	live
vivo	live
vosotros	you
vuelto	change
vuestra	our
vuestro	our

X

xenofobia	xenophobia

Y

yo	I
yuyo	weed

Z

zapato	shoe
zapatos	shoes

English - Spanish Dictionary by Topic

Clothes / Ropa
belt el cinturón
blouse la blusa
boot la bota
bra el sostén
button el botón
cloth la ropa
coat el abrigo

dress el vestido

hat la gorro
jacket la campera
pant el pantalón
shirt la camisa
shoe el zapato
tie la corbata
trainer la zapatilla
T-shirt la camiseta

Colors / Colores
black negro
blue azul
brown marrón
green verde
light blue celeste
pink rosa
purple morado

red rojo

violet violeta
white blanco
yellow amarillo

Countries And Nationalities / Países Y Nacionalidades
America América
American americano
Argentinian argentino
Brazil Brasil
Brazilian brasileño
capital la capital

Chile Chile

Days Of The Week / Días De La Semana
Friday el viernes
Monday el lunes
Saturday el sábado
Sunday el domingo
Thursday el jueves
Tuesday el martes
Wednesday el miércoles

China China

Chinese chino
country el campo, el país
Europe Europa
France Francia
French francés
Japan Japón
Japanese japonés
Korea Corea
Korean coreano
Latin latino
Mexican mejicano
Mexico Méjico
Portugal Portugal
Portuguese portugués
Spain España
Spanish español

Family / Familia	Food And Drinks / Comidas Y Bebidas
aunt la tía	**apple** la manzana
baby el bebé	**banana** la banana
boyfriend el novio	**beverage** la bebida
brother el hermano	**cheese** el queso
brother-in-law el cuñado	**coffee** el café
cousin el primo, la prima	**dinner** la cena
dad el papá	**dish** el plato
daughter la hija	**egg** el huevo
daughter-in-law la nuera	**food** la comida
father el padre	**fruit** la fruta

father-in-law el suegro
girlfriend la novia
grand-daughter la nieta
grandfather el abuelo
grand-son el nieto
granmother la abuela
husband el esposo
mom la mamá
mother la madre
mother-in-law la suegra
nephew el sobrino
niece la sobrina
parents los padres
relative el pariente, la pariente
sister la hermana
sister-in-law la cuñada
son el hijo
son-in-law el yerno
uncle el tío
widow la viuda
widower el viudo
wife la esposa

ham el jamón
ingredient el ingrediente
juice el jugo
lemon el limón
lunch el almuerzo
meat la carne
milk la leche
onion la cebolla
orange la naranja
salt la salt
sugar el azúcar
taste el gusto, sabor
tea el té
wine el vino

House And Furniture / Casa Y Muebles

bathroom el baño
bed la cama
building el edificio
door la puerta
house la casa
office la oficina
painting el cuadro

room la habitación, sala

Means Of Transport / Medios De Transporte

bicycle la bicicleta
boat la lancha
helicopter el helicóptero
motorcycle moto
plane el avión
railway el ferrocarril
ship el barco

taxi el taxi

table la mesa
telephone el teléfono
television el televisor

train el tren
truck el camión

Months / Meses

April abril
August agosto
December diciembre
February febrero
January enero
July julio
June junio

March marzo

May mayo
November noviembre
October octubre
September septiembre

Nature / Naturaleza

air el aire
branch la rama
cloud la nube
earth la tierra
earthquake el terremoto
flower la flor
lightning el rayo

nature la naturaleza

river el río
sea el mar
sky el cielo
stone la piedra

Numbers / Números

eight ocho
eighteen dieciocho
eighty ochenta
eleven once
fifteen quince
fifty cincuenta
five cinco

forty cuarenta
four cuatro
fourteen catorce
million millón
nine nueve
nineteen diecinueve
ninety noventa

Occupations / Profesiones

actor el actor
actress la actriz
architect el arquitecto, la arquitecta
art el arte
artist el artista, la artista
author el autor, la autora
boss el jefe, la jefa

business el negocio

company la empresa
contract el contrato
detective el detective, la detective
director el director, la directora
doctor el doctor, la doctora
driver el conductor, la conductora

number *m.* número
one uno
one-hundred cien
one-thousand mil
seven siete
seventeen diecisiete
seventy setenta
six seis
sixteen dieciséis
sixty sesenta
ten diez
thirteen trece
thirty treinta
three tres

twelve doce
twenty veinte
two dos

employee el empleado, la empleada
engineer el ingeniero, la ingeniera
job el trabajo
journalist el periodista, la periodista
judge el juez, la jueza
lawyer el abogado, la abogada
minister el ministro, la ministra
musician el músico, la música
player el jugador, la jugadora
police el policía, la policía
politician el político, la política
president el presidente, la presidente
priest el cura
professor el profesor, la profesora
salesperson el vendedor, la vendedora
secretary el secretario, la secretaria
teacher el maestro, la maestra
worker el trabajador, la trabajadora
workman el obrero, la obrera

writer el escritor, la escritora

Seasons / Estaciones Del Año

fall el otoño
spring la primavera
summer el verano

winter el invierno

Sports / Deportes

athletism el atletismo
ball la pelota
boxing el boxeo
competition el campeonato
field la cancha
goal el gol
match el partido

racket la raqueta

soccer el fútbol
sporty deportista
stadium el estadio
swimming la natación
tennis el tenis

The Cuerpo / El Cuerpo

arm el brazo
body el cuerpo
brain el cerebro
ear la oreja
eye el ojo
face la cara
finger el dedo

foot el pie

forehead la frente
hair el pelo
hand la mano
head la cabeza
heart el corazón
knee la rodilla
leg la pierna
mouth la boca
nail la uña
nose la nariz
shoulder el hombro
skin la piel
stomach el estómago
tooth el diente
voice la voz
waist la cintura

The City / La Ciudad

address la dirección
avenue la avenida
church la iglesia
cinema el cine
city la ciudad
club el club
harbour el puerto

highway la autopista

hospital el hospital
hotel el hotel
kiosk el kiosco
museum el museo
nightclub la discoteca
plaza la plaza
road el camino
school la escuela
south el sur
store el comercio
street la calle
theatre el teatro
town el pueblo
traffic el tráfico
university la universidad

Weather / Clima

climate el clima
cool fresco
fog la niebla
hail el granizo
hot el calor
rain la lluvia
snow la nieve

storm la tormenta
sun el sol
wind el viento

Extra Reading

Reading is the best way to learn a language, whichever it is, and we want to give you a gift so you can continue studying and enjoying the Spanish language. Although these texts may be difficult at the beginning, we are sure you will be able to understand most of their content after studying the lessons in this book.

Remember that it is not necessary to understand every single word in a text to understand it. You don't need to focus on details; you can have a wide idea of what is being said without looking out at a dictionary.

Again, reading enriches your vocabulary, shows you the structures and uses of the language in context and there will be a time when you won't even remember how you learned certain things, you'll just know them!

Go over these readings, which are separated by topic, and try to understand as much as possible. And you will!

If you want to learn new words, highlight the terms, check in a dictionary, and repeat them out loud. You can also take a paragraph and study what it is saying in detail before reading the complete text.

The topics of the following texts vary, and they are different, but they are all related to the vocabulary used in the book.

Enjoy!

Los Grandes Beneficios De Hacer Teatro

- Artes -

¿Qué es 'hacer teatro'?

Depende de quién lo defina y de qué manera ha llegado hasta allí. El teatro, la acción de hacer teatro, se utilizó y se utiliza con diferentes objetivos. Como medio de expresión, como protesta, como terapia, como entretenimiento, y la lista continúa. Sin embargo, hacer teatro es básica y fundamentalmente jugar. Jugamos a ser otro, jugamos a transitar otros caminos, otras sensaciones, sentimientos y emociones.

Cuando crecemos y llegamos a la adultez, jugar se convierte en algo ajeno a nosotros, pero eso no significa que no podamos volver a experimentar esa maravillosa sensación que produce el juego. Hacer teatro, cualquiera sea el propósito y la edad, brinda una gran cantidad de beneficios.

El instrumento principal de un actor es el cuerpo, como consecuencia, el teatro obliga al actor a ser consciente de su ser físico, le permite desarrollar una atención especial hacia su cuerpo, sus movimientos y habilidades. De esta manera, el actor logra mejorar su ***expresión corporal***. Sin importar las capacidades o incapacidades que tenga, el cuerpo se convierte en el punto de partida para toda interpretación.

Con textos o sin textos, el teatro permite mejorar y desarrollar la ***capacidad de memoria*** y de ***concentración*** del actor.

El *autoconocimiento* es uno de los resultados más sorprendentes cuando hacemos teatro. El actor comienza a conocerse, a descubrirse, a encontrar sensaciones, emociones y sentimientos ocultos, aspectos de su vida con los que nunca se había enfrentado o desconocía por completo.

La *autoestima* mejora notablemente cuando el actor se da cuenta de que puede hacer lo que desea, cuando observa que sus 'incapacidades' ya no son tales cuando interpreta a otros, cuando nota que cada rol o personaje, y todos los seres humanos, tienen capacidades diferentes a las de él. Un actor puede volar, respirar debajo del agua, hacer lo imposible...

Hacer teatro permite crear *vínculos* indestructibles. Brinda la posibilidad de desarrollar relaciones sociales, acercarnos a otros sin miedo, vencer las barreras y los tabúes.

La *libertad de expresión* se refleja tanto en el cuerpo como en la mente, permitiéndole al actor superar la timidez, desbloquear emociones, perder el temor a la reacción del otro, desnudarse frente a sus compañeros y frente al mundo.

El teatro irradia *magia, diversión, alegría, risa,* emociones desconocidas, mejora la actitud ante los conflictos cotidianos y nos brinda otra perspectiva de la vida.

No es lo mismo hacer teatro para un niño que para un adulto, o para una persona de la tercera edad. Cada actor se para de diferente manera sobre el escenario.

Hay tantas interpretaciones posibles para un rol como seres humanos en el mundo. En cada etapa de la vida se necesitan diferentes herramientas para lograr un personaje, pero lo esencial es estar dispuesto a jugar, a divertirse y disfrutar de la magia a flor de piel.

Aprendé A Relajarte

Relajá tu mente y relajá tu cuerpo. Es muy fácil decirlo ¿no? Si todos pudiéramos realmente relajar nuestros cuerpos y nuestras mentes con facilidad, la vida sería mucho más sencilla. No tendríamos contracturas, no atravesaríamos períodos de depresión, no nos preocuparíamos por tonterías, no existirían los psicólogos y no nos enfermaríamos. Este breve relato no pretende reemplazar la ardua y maravillosa tarea de los expertos en el Yoga o la Meditación, ni nada que se le parezca... Son solo algunos pequeños trucos que pueden ayudarte a controlar la ansiedad y lograr un bienestar general, pero, principalmente, a conectarte con tu cuerpo y con tu mente. En el Taller de Teatro para la Tercera Edad hacemos esto durante 15 o 20 minutos para despojarnos del exterior, de la vida cotidiana, las preocupaciones, las imágenes recurrentes en nuestras mentes, y así poder comenzar el proceso de la construcción del personaje. De otro personaje diferente a nosotros mismos. Nos liberamos de nuestros tics, nuestros hábitos, nuestros malos hábitos, nuestras formas y máscaras.

Tu Cuerpo

Es muy sencillo. Solo debés estar predispuesto. Podés hacer esto estando parado, sentado, acostado, colgado, y otros... En primer lugar, es recomendable seleccionar una música de tu agrado. Una música que te de placer escuchar, que te transporte hacia el infinito y más allá. Puede ser música para relajar o música rítmica ¡con swing! Queda a tu criterio. El objetivo principal es 'aflojar' cada parte de tu cuerpo por mínimo que sea.

• Cerrando los ojos y comenzando a disfrutar de la melodía, respirá profundo por la nariz y exhalá el aire por la boca, lentamente, varias veces, cada vez más lento...

• Mientras respirás y sentís tu respiración, aflojá todo el cuerpo manteniendo solo tu punto de apoyo firme para no caerte. Si estás parado, el punto de apoyo serán tus piernas; si estás sentado tu trasero, y así sucesivamente. Sin embargo, 'firme' no significa 'tenso', tu columna vertebral será tu eje y deberá estar erguida pero relajada.

• Comenzá a mover tu rostro, haciendo muecas. Te podés ayudar con las manos. Frente, párpados, cejas, mejillas, sien, mentón, nariz, lengua, mandíbula, labios. ¡Abrí bien la boca!

• Luego, pasá al cuello. Todos los movimientos deben ser lentos y suaves. Cuanto más te demores en concretar un giro o en hacer un movimiento, mejor. Llevando las orejas hacia los hombros (vos me entendés), llevando la cabeza hacia atrás y hacia adelante (decir SÍ bien grande), llevando la cabeza hacia la derecha y hacia la izquierda (decir NO bien grande), hacer medio círculo (adelante y luego atrás) con la cabeza llegando solo hasta los hombros, y finalmente completando todo el círculo con la cabeza, hacia un lado y hacia el otro. LENTO.

• Seguí con los hombros y los brazos. Mové los hombros (solo los hombros) hacia arriba y hacia abajo, en círculos en ambas direcciones, hacia adelante y hacia atrás. Lentamente, comenzá a llevar ese movimiento hacia los codos, luego hacia las muñecas, las manos y los dedos (terminarás como si estuvieras bailando flamenco).

• El pecho y la espalda como si fueses una serpiente subiendo al son de la música... (no se me ocurrió otra cosa...)

• La cintura en círculos hacia ambos lados, llevando lentamente el movimiento a las caderas. Acá podés imaginarte que estás bailando la danza del vientre. No importa el tamaño del vientre...

• A continuación, las piernas, una por vez. Levantándolas y moviendo las articulaciones de la misma manera que hacen los jugadores de fútbol, estoy segura de que alguna vez los viste. Muslos, rodillas, pantorrillas, tobillos, talones, dedos de los pies. Me olvidé decirte que se recomienda estar descalzo...

Tu Cuerpo Y Tu Mente

El procedimiento para relajar tu cuerpo descripto anteriormente DEBE hacerse mientras hacés esto:

- Es ideal estar descalzo, sin importar la posición en la que te encuentres.

- Si estás parado, asegurate de que las piernas estén levemente flexionadas y el resto de ellas relajadas.

- Cerrá los ojos, ¡siempre!

- Respirá, respirá, respirá, inhalá por la nariz, exhalá por la boca, respirá, respirá, respirá, tomá aire, soltá el aire MUY LENTAMENTE. Nunca dejes de respirar.

- Solo debe moverse la parte del cuerpo que estés trabajando, el resto del cuerpo debe estar quieto, relajado, flojo, sin tensión, y no debés prestarle atención en absoluto. A cada parte del cuerpo le llegará su turno. Si observás que alguna parte quiere tomar el protagonismo, relajá esa parte inmediatamente.

- No te apures. Todos los movimientos deben tomar una eternidad. Incluso el pequeño movimiento de los dedos de los pies.

- No dejes un milímetro de tu cuerpo sin explorar. Incluso, aquellas partes que no se ven, pero existen.

- Cuando hayas terminado con las partes más obvias del cuerpo, relajá tu piel, tu cabello, tus músculos invisibles, tu esqueleto íntegro, tus poros, todo lo que haya quedado...

Tomarte 20 minutos al día para hacer esto puede cambiar tu vida, sin exagerar. A medida que practicás y repetís una y otra vez el ejercicio, verás que los resultados son cada vez más impresionantes. Ahora

> podés actuar de otra manera, en el escenario, en tu cocina, en la reunión con amigos, en el baño, en la verdulería, en el autobús, en la vida.

Buenos Aires Para Impresionar En Una Primera Cita

- Viajes y turismo -

Buenos Aires en una ciudad cosmopolita fundada por inmigrantes a orillas del Río de la Plata. Su historia atrapa a cualquiera que pise suelo argentino. Y Buenos Aires es y será siempre la ciudad que nunca duerme. Así se la conoce. Y, como ocurre con todas las grandes capitales del mundo y gracias a esta peculiar característica, dispone de una amplísima oferta para disfrutarla, ya sea en familia, solos, o para impresionar a alguien en una primera cita.

Aquí te daremos información muy valiosa para impresionar en tu primera salida romántica, cinco lugares para que sea inolvidable, y ojalá sea de ayuda... Si no es para toda la vida, por lo menos ¡que sea una noche mágica!

5 Lugares Con Encanto En La Ciudad Que Nunca Duerme

Puerto Madero

Está ubicado en el centro mismo de la Ciudad de Buenos Aires a orillas del Río de la Plata. Se trata de los antiguos muelles y barracones de carga y descarga de los barcos. Fueron reciclados para convertirse en una de las zonas más valoradas, donde se ha desarrollado una amplia oferta gastronómica (ideal para sorprender a tu pareja). Podrás cenar a la luz de la luna, en un ambiente íntimo y romántico. Imposible resistirse...

Jardín Japonés

Es un lugar hermoso, el elegido por los recién casados para tomarse fotografías. No te preocupes, si tu intención no es llegar tan lejos, podés dejarlo para más adelante. Pero realmente vale la pena conocerlo y seguramente conquistarás a quien quieras. Está emplazado en Palermo, uno de los barrios más conocidos de la Ciudad de Buenos Aires. Se creó en conjunto con la comunidad japonesa para conmemorar la primera visita del emperador japonés a la Argentina. Un paseo una tarde de primavera, con los cerezos florecidos por esos caminitos bordeando los espejos de agua llenos de carpas y otros peces, es una experiencia para conectar con esa persona que queremos conquistar.

Delta del Río Tigre

Ubicado en el municipio de Tigre, el Río Tigre es un afluente del Río Paraná, el segundo río más caudaloso de América. Allí podés sorprender a tu pareja con un paseo privado en lancha, bajar en alguna isla a comer o cenar, y terminar la noche en una cabaña en medio de la naturaleza. Si con esto no triunfamos, entonces no es para nosotros...

Calle Corrientes

La Avenida Corrientes es una de las arterias principales y la más emblemática de la Ciudad de Buenos Aires. En ella se puede disfrutar de la oferta teatral más amplia de América Latina, así como de varias de las pizzerías más reconocidas de la ciudad. Cualquier elección que hagamos, será la correcta.

El Barrio de San Telmo

San Telmo es uno de los barrios más característicos de Buenos Aires. Ahí podemos encontrarnos con edificios antiguos, casas de antigüedades, restaurantes, bares, tanguerías y mucho más. Es un lugar para disfrutar con todos los sentidos, ya sea paseando por esas calles antiguas de la época colonial, hasta encontrar ese lugar para sentarse a comer y conversar. La gran ventaja de San Telmo es que se adapta a todos los gustos y edades.

Buenos Aires es un lugar perfecto para conquistar. La gran variedad de opciones hace de esta ciudad un lugar ideal para disfrutar de la cultura, conocer gente, deleitarse con la mejor gastronomía y, por supuesto, enamorar a esa persona tan especial.

Recetas de Cocina para Deleitarse

- Comidas y bebidas -

A continuación, encontrarás una serie de deliciosas recetas para agasajar a tu familia, invitados, o simplemente poner en práctica tus habilidades culinarias. Sigue las instrucciones paso a paso ¡y verás qué fácil y delicioso resulta!

1. Berenjenas rellenas con carne y con vegetales

La berenjena es un producto muy versátil y que ofrece una gran variedad de posibilidades para aprovecharla. Es un producto de la naturaleza que tiene muchos beneficios para la salud, entre ellos, contiene propiedades antioxidantes que colaboran con la prevención de enfermedades. Además, se usa para tratamientos médicos y para productos cosméticos. En este caso, vamos a hacer dos rellenos, uno con carne picada y el otro con arroz y vegetales.

Ingredientes - para dos personas

Para el relleno de carne:

- 1 Berenjena

- ½ Kg carne picada

- 1 Cebolla picada

- ½ Pimiento morrón rojo picado

- 1 Diente de ajo

- Puré de tomate o tomate triturado

- Queso para gratinar

Para el relleno vegetal:

- 1 Berenjena

- 1 Taza de arroz integral

- ½ Diente de ajo

- 1-2 cucharadas de queso crema

- 1 Tomate cubeteado

- Cebollino picado

- Sal

- Pimienta

- Chile en polvo

- Comino

- Aceite de Oliva

Utensilios

- Cuchillo de cocina
- Cuchara
- Plato
- Fuente para horno
- Sartén

Preparación de las berenjenas

Lo primero que tienes que hacer es cortar las berenjenas a la mitad. Debes intentar que las mitades queden lo más parejas posibles.

- En cada mitad realiza unos cortes en diagonal, en una dirección y en la otra, formando una cuadrícula sin llegar a cortar la cáscara.
- Las condimentas con sal y pimienta.
- Vas a ponerlas en el microondas por intervalos de 2 minutos para que se cocinen.
- Revisa que la cáscara no se ablande demasiado.
- Cuando ves que la carne de las berenjenas está bastante blanda, la retiras raspando con una cuchara y la reservas. Luego lo usarás para el relleno.

Preparación del relleno de carne

- Pones la sartén al fuego con un chorrito de aceite de oliva.
- Cuando el aceite tome temperatura, añade la cebolla y el pimiento, todo picado.
- Agrega una pizca de sal para ayudar a que la cebolla y el pimiento empiecen a soltar sus jugos.
- Pica el diente de ajo y lo agregas a la sartén.
- Agrega la carne picada y remuévela bien para que se mezcle con el resto de los vegetales.
- Agrega el puré de tomate y un caldo de verdura.
- Pon sal y pimienta.
- Agrega un poquito de comino y chile en polvo.
- Deja que se cocine a fuego bajo durante 30 minutos.
- Retira del fuego y mezcla con la carne de una de las berenjenas que habías separado.

- Deja enfriar.
- Una vez frío, vas a rellenar las dos mitades de una de las berenjenas.
- Le pones queso por encima para gratinar, y ya están listas para calentarlas en el horno.

Preparación del relleno vegetal

- Con un tenedor pisas la carne de la otra berenjena y la mezclas con el ½ diente de ajo.
- Luego, añade el tomate cubeteado, el queso crema y el cebollino picado.
- Condimenta con sal, pimienta y un chorrito de aceite de oliva.
- Este exquisito puré lo vas a mezclar con el arroz que cocinaste previamente.
- Rellena la otra berenjena.
- Colócalas en una fuente de horno para que se calienten y se gratine el queso.

2. Omelette con queso fresco y espinacas salteadas

La **receta de *omelete*, *omelette*, *omelet*,** o directamente tortilla francesa, como quieras llamarlo, es una de las **recetas** que puede salvarte cuando menos lo piensas. Es una comida a base de huevo que traspasó las fronteras, ya que desde la prehistoria hay indicios de que formaba parte de la alimentación. Aunque la palabra *omelette* tiene sus orígenes en Francia, existen pruebas de recetas en la España del 1400 y en la América precolombina. Este delicioso y nutritivo plato es ideal cuando tienes poco tiempo, no tienes ganas de cocinar, o simplemente buscas saciar el hambre con algo rápido. Además, su versatilidad permite combinarlo con diferentes ingredientes según tu gusto ¡incluso el gusto de cada miembro de tu familia! Es fácil, rápido de hacer, y te permite ser creativo, así que ¡manos a la obra!

Ingredientes (omelette receta para 2 personas):

- 4 huevos

- 6 dados de queso fresco

- 20 c/c de Leche - 0% de grasa (aproximadamente dos cucharadas soperas colmadas)

- 1 paquete de espinaca

- 1 cebolla pequeña

- 1 diente de ajo

- Aceite de oliva (cantidad necesaria)

- Sal (a gusto)

- Pimienta (a gusto)

- Nuez moscada (a gusto)

Utensilios de cocina:

- Olla pequeña para hervir

- Sartén antiadherente de 20-26 centímetros de diámetro

- 2 cuencos o bols

- Espátula de madera

- Cuchillo

-Tenedor

- Cuchara

- Rallador

Procedimiento

- Lava bien la espinaca y la cocinas en una olla con agua o al vapor, como prefieras; luego, la escurres y la cortas. Verás que cuando la vayas a retirar del agua se habrá reducido mucho. No te preocupes, es normal.
- Pica la cebolla.
- Coloca una sartén de 20-26 centímetros de diámetro en el fuego con un poquito de aceite de oliva; echa el diente de ajo para que le de sabor al aceite.
- A continuación, pones la cebolla a rehogar hasta que se vuelva transparente (unos 5 minutos).
Cuando el diente de ajo se empiece a dorar, lo retiras. Ya cumplió su función. Inmediatamente, agregas la espinaca al sartén donde tienes la cebolla.
- Pon la sal para que la cebolla y la espinaca empiecen a sudar.
- Condimenta con la pimienta.
- En un par de minutos verás que la espinaca empieza a brillar; entonces, rallas la nuez moscada (sólo una pizca, porque es muy invasiva y no queremos que opaque el resto de los

sabores). La retiras del fuego, la colocas en un cuenco y la dejas reposar.

- En otro cuenco bates los huevos, sólo lo suficiente para romper las yemas y que se mezclen con las claras.

- Agregas la leche y condimentas con sal y pimienta, y vuelves a mezclar.

- Coloca la sartén donde salteaste la cebolla y la espinaca nuevamente en el fuego, déjala que caliente bien y echa unas gotas de aceite de oliva.

- Una vez que esté bien caliente el aceite, vierte la mezcla de los huevos.

- Con un movimiento de tu muñeca distribuye uniformemente la mezcla por todo el fondo de la sartén. - - Ahora te darás cuenta el porqué de la elección del tamaño de la sartén. Verás que la preparación quedará bien desparramada en el fondo. Debería quedarte una capa de un espesor de unos 2-5 milímetros, esto te permitirá manipular el omelette sin que se rompa.

- Cuando veas que se está empezando a dorar, y al mover un poco la sartén veas que está despegado, coloca las espinacas y los dados de queso fresco.

- Cierras al medio el omelette, bajas el fuego al mínimo para que se termine de derretir el queso y se caliente la espinaca.

- Ahora sí, ¡ya puedes disfrutar de esta exquisita y nutritiva **receta de omelette**!

3. Salteado de pollo con arroz y verduras

Este plato tiene su origen en la comida oriental, variando entre pollo y cerdo en el ingrediente de carne que lleva.

Es un plato muy completo, fácil de preparar y muy colorido y sabroso. Y, por supuesto, es sabrosísimo y muy sano para nuestro organismo. ¡Veamos cómo se prepara!

Ingredientes para dos personas

- 2 pechugas de pollo
- 1 taza de arroz
- 1 cebolla
- 1 pimiento morrón rojo
- 1 zanahoria
- 1 cebollín o cebolla de verdeo

Para el rebozado del pollo

- Fécula de maíz
- 3 huevos
- Jengibre rallado
- 2 dientes de ajo
- Aceite de girasol
- Sal
- Pimienta
- Salsa de soja
- Aceite de sésamo (no es imprescindible, pero aportará sabor)
- 50 gr de maní o almendras picadas
- 2-3 cucharadas soperas de miel

Utensilios

- Olla para hervir el arroz
- Olla para freír el pollo

- Sartén para el salteado
- Cuchillo
- Tenedor
- Cucharas
- Cuencos
- Fuente

Preparación del arroz

- Pon una olla a hervir con tres tazas de agua por cada taza de arroz. Puedes agregarle un caldo de verdura, si así lo deseas, ya que le dará más sabor.
- Agrega un puñado de sal.
- Deja que hierva 15-18 minutos y retiras del fuego.

Preparación del pollo

- Corta las pechugas en dados de unos 3 centímetros por lado.
- Condimenta el pollo con sal y pimienta.
- En un cuenco rompes los huevos y los bates con un tenedor.
- Pica un diente de ajo, ralla la misma cantidad de jengibre e incorpóralo al huevo.
- Sumerge el pollo en el huevo.
- En una fuente pones la fécula de maíz.
- Vas retirando el pollo del huevo y retiras el exceso.
- Lo pones en la fuente y lo rebozas - Intenta quitar el exceso para que no se formen grumos.

- Pones una olla con bastante aceite de girasol - El aceite tiene que estar caliente para que cuando frías el pollo, este no absorba aceite en exceso.

El rebozado en la fécula va a permitir que el pollo adquiera una cubierta crocante. No va a dorarse mucho, pero tendrá una hermosa textura.

- A medida que vayas cocinando el pollo, lo retiras y lo pones en una fuente a escurrir el exceso de aceite.

Preparación del salteado

- Corta la cebolla y el pimiento morrón en tiras.
- Corta la zanahoria en rodajas no muy gruesas.
- Pica el cebollín o cebolla de verdeo.
- Pon una sartén a calentar y cuando esté caliente agrega un chorrito de aceite de girasol.

Las verduras se van incorporando en función del tiempo que tardan en ablandarse. Por esto, debes agregar primero la zanahoria, luego la cebolla y el pimiento y por último el cebollín.

- El punto que buscamos es una verdura cocida pero crocante.
- Incorpora el maní o las almendras.
- Agrega los tacos de pollo y saltea todo.
- Ralla un poco más de jengibre y agrega el otro diente de ajo picado.

- En un cuenco pequeño, mezcla dos cucharadas de fécula de maíz con agua fría - Este será el espesante - Lo agregas de a poco al salteado.
- Un chorrito de salsa de soja.
- Añade la miel - La agregas al final porque, de lo contrario, se va a caramelizar demasiado.
- Si tienes, agregas el aceite de sésamo - Muy poquito porque es muy sabroso.
- Retira el sartén del fuego.

El arroz hervido que habías preparado te va a parecer que está todo apelmazado, pero no tienes que preocuparte, porque en cuanto lo remuevas un poco, los granos se separarán muy fácilmente.

Pon en un plato una porción generosa del arroz y coloca sobre él el salteado de pollo con las verduras.

¡Vas a tener un plato lleno de sabores, colores y muy nutritivo y saludable!

El Avance de la Tecnología
- Tecnología -

Se cree que internet siempre existió y estuvo para solucionarle la vida a todo el mundo, sin embargo, hace muy poco tiempo, la vida es muy diferente a lo que es hoy en día.

Las personas que nacieron en el siglo XXI o simplemente a finales del siglo XX, no tienen noción de muchas cosas que ocurrían antes de su existencia. Y, a pesar de haber nacido con la tecnología en sus manos, tampoco saben exactamente cuándo nació y cómo se fue desarrollando, llegando en poco tiempo a ser el motor del mundo. Esto es literal, ya que sin internet no existirían muchas de las cosas que tenemos hoy en día, ni los sistemas del mundo funcionarían como lo hacen.

¿Creen que exageramos? Ni un poquito. Pensemos simplemente en cómo las redes de internet permiten que todos los sistemas estén automatizados, los servicios públicos y empresas privadas se manejan de manera casi remota, y cómo nuestra vida cotidiana está totalmente manejada por dispositivos, aparatos y equipos que nos permiten hacer todo de forma virtual. Pero ¿cuándo nació internet? ¿Quién lo hizo y por qué? ¿Acaso tenía noción de lo que estaba haciendo?

Seguramente, la respuesta a la última pregunta es no. Y no porque el creador no tuviese consciencia, sino porque es difícil ver el panorama y las consecuencias de lo que hacemos mientras lo estamos haciendo. Es muy probable que no se haya dado cuenta de la magnitud de lo que estaba creando. Y esa persona tiene nombre y apellido, vive en algún lugar del mundo, y no se sabe mucho de él. Se llama Berners-Lee.

Este señor dijo una vez 'esto es para todos', palabras que tuiteó luego de ser galardonado durante la ceremonia de los Juegos Olímpicos de Verano 2012. La razón de su reconocimiento fue, nada menos, que la creación de la Web muchos años antes.

Quién es Berners-Lee

Berners-Lee era un empleado del CERN, Organización Europea para la Investigación Nuclear, cuando descubrió que se necesitaba una visión más simple de todos los proyectos y sistemas de la organización para rastrear la información. El gran problema era que necesitaba iniciar sesión en cada computadora por separado y, en algunos casos, en diferentes programas.

En Qué Consistió su Proyecto

Berners-Lee propuso el proyecto de un sistema integrado en 1989, pero las autoridades de la organización no lo aprobaron. En 1990, se le permitió comenzar con el proyecto. Para entonces, ya había comenzado a trabajar con Robert Cailliau.

El nombre del proyecto cambió varias veces; desde Information Management hasta Information Mesh y Mine of Information. Pero el nombre final resultó ser WorldWideWeb.

Otro genio de la tecnología estuvo indirectamente involucrado en el proyecto, Steve Jobs. La computadora NeXT diseñada en 1988 por Jobs resultó ser la estrella del proyecto.

Berners-Lee desarrolló las tecnologías HTML, HTTP, URL, entre otras cosas. En 1991, Berners-Lee publicó el primer sitio web. Contenía información sobre el proyecto WWW y estaba alojado en la CERN usando, por supuesto, la computadora NeXT.

Un Beneficio para la Humanidad

Su deseo de convertirlo en un proyecto abierto y libre del que el mundo se beneficiaría finalmente hizo realidad. No patentó su invento. No se benefició de eso. Decidió no controlarlo.

Unos años más tarde, Berners-Lee fundó el Consorcio de la World Wide Web, que se encarga de los estándares de la web.

El Español

- Países y nacionalidades -

Los idiomas se han expandido y se han integrado en otras regiones gracias a la globalización. En la actualidad es posible estudiar un idioma y aprenderlo sin necesidad de viajar. Y no solo eso, también es posible trabajar de forma remota y usar los conocimientos para encontrar empleos rentables en internet. Existen estadísticas que indican cuáles son los idiomas más hablados, pero también hay otras listas que hablan de cuáles son los idiomas más buscados, en qué países y en qué empleos es necesario ser, al menos, bilingüe. La realidad es que saber otros idiomas además del nativo es importante para desarrollarse profesionalmente y también para comunicarse con el mundo.

El idioma español se habla en muchos países del mundo. Aunque no es igual en las diferentes regiones,; también hay dialectos, diferente vocabulario y pronunciación. Sin embargo, todos los países de habla hispana se rigen por el único diccionario oficial que regula, analiza y actualiza el idioma.

En España se habla de forma muy diferente a los países de Latinoamérica, y dentro de Latinoamérica cada país tiene sus forma y regionalismos.

En Sudamérica también es distinto, ya que se usa el voceo, con lo cual la conjugación de los verbos también difiere del resto de los países.

Las estadísticas que se hacen regularmente ubican al español entre los idiomas más hablados en el mundo.

¿Dónde es oficial el español?

El español es oficial como primera lengua en Argentina, Bolivia, Chile, Colombia, Costa Rica, Cuba, República Dominicana, Ecuador, El Salvador, Guinea Ecuatorial, Guatemala, Honduras, México, Nicaragua, Paraguay, Panamá, Puerto Rico, España, Uruguay, Venezuela, y Perú.

En muchos otros países del mundo es reconocido y se habla de forma cotidiana, enseñándose hasta en los colegios, pero no es oficial.

Es posible que la fama del español, por llamarlo de alguna manera, se deba a la gran inmigración de ciudadanos latinoamericanos a otros países, especialmente a Estados Unidos y Europa.

Los dialectos, que no son dialectos

Muchas personas creen que existen dialectos del español, pero no es así. No son dialectos, sino regionalismos, coloquialismos y formas diferentes de entonación. Un dialecto es cuando una lengua es hija de otra. Después existen los dialectos, sí, pero el español de cualquiera de los países mencionados arriba ¡es el mismo!

Cómo estudiar un idioma de forma autónoma

La mejor forma de estudiar un idioma es explotar la habilidad en la que nos destacamos, ya sea la escucha comprensiva, la escritura, la producción oral, entre otras. Hoy en día es más sencillo que el pasado, dado que contamos con muchas herramientas disponibles para hacerlo. Podemos mirar videos, escuchar música, hacer ejercicios en internet, mirar películas, leer libros en papel y digitales, y muchas otras cosas que ayudan a ganar fluidez y ampliar el vocabulario.

Tenemos todo en nuestras manos para adquirir un idioma de forma rápida y eficaz.

El Fútbol

- Deportes -

El fútbol es un deporte que se juega en muchas partes del mundo. Es considerado por muchos el deporte más importante y popular. En algunos países es más importante que en otros, pero incluso las personas que no juegan regularmente suelen mirar los partidos de este deporte tan buscado.

Cómo se juega al fútbol

Once jugadores de cada equipo en la cancha, un jugador en cada arco, y los árbitros que se ocupan de que se respeten las reglas del juego son los participantes obligados. Sin embargo, si por algo se destaca este deporte es por tener las llamadas 'hinchadas', es decir, el público, presente alentando al equipo favorito con gritos, entusiasmo y mucha pasión.

El fútbol se juega en casi todo el mundo y millones de personas lo practican como actividad recreativa, para hacer deportes, o simplemente para encontrarse con amigos. En los países de habla inglesa de lo conoce como soccer.

La cancha donde se juega consiste en un rectángulo de césped, puede ser natural o artificial, y se usa una pelota que es disputada por los dos equipos. El objetivo del juego es meter un gol al equipo contrario tirando la pelota dentro del arco.

Las reglas del juego

Las reglas básicas del juego del fútbol son las siguientes:

- Debe jugarse con una pelota esférica de cuero o un material similar y debe tener una circunferencia menor a 70 cm y mayor a 68 cm. Además, el peso debe estar entre los 410 y los 450 g.

- El equipo que más goles haya metido en el arco del equipo contrario es el ganador. En el caso de que la cantidad de goles sea la misma al terminar el partido, se trata de un empate.

- La pelota no puede tocarse con las manos o brazos.

- Los jugadores consisten en defensores, delanteros, centrocampistas, mediocampistas.

El portero, guardameta o arquero

Así se denomina al jugador que está en el arco cuidando que no le hagan un gol a su equipo. Este es el único jugador que tiene permitido tocar la pelota con las manos.

El defensor

Este es el jugador que defiende al equipo y que tiene como principal objetivo cuidar que el rival no avance hacia el arco de su equipo.

El centrocampista

Esta posición se encuentra, como lo dice su nombre, en medio del campo de juego y su función principal es hacer jugadas, pasar la pelota y recuperarla del equipo contrario.

El delantero

Este jugador se encarga de atacar al equipo contario y tratar de meter goles.

Cuándo y dónde nació el fútbol

Según las investigaciones realizadas, se cree que este deporte se jugaba en la antigüedad en varios lugares del mundo, incluida América y Europa. Con el tiempo, el deporte fue cambiando y adaptándose hasta llegar a lo que conocemos hoy en día. Sin embargo, actualmente también sigue modificándose, aunque menos.

Durante las primeras épocas del fútbol, las reglas no eran muchas y la violencia era bastante significativa. Por otro lado, se sabe que muchos deportes derivaron del fútbol y cambiaron su forma, tales son el rugby, fútbol americano, el fútbol australiano, y otros.

La realidad es que no se sabe a ciencia cierta la fecha exacta ni el lugar original de este deporte tan popular a nivel mundial. No solo es un deporte que se juega en todos los continentes, sino que es muy aclamado, existen competencias mundiales y torneos intercontinentales que reúnen a fanático de todos los rincones.

Antonio Machado

- Información personal -

Antonio Machado nació en Sevilla, España en 1875. Fue un poeta que representó a las generaciones de su época con su arte. Tenía siete hermanos y su madre se llamaba Ana Ruiz.

La familia materna de Machado tenía una confitería y su padre era abogado, investigador de folclore, y periodista. Una de las características poco conocidas del autor es que su abuela paterna era artista, con lo cual, es evidente que Antonio Machado heredó su sensibilidad y afición por el arte de ella. Lo cierto es que el reconocido autor provenía de una familia de un alto nivel cultural, intelectual y académico del cual adquirió muchos conocimientos, que en para esa época no era común para cualquier otro ciudadano. Su formación le permitió llegar lejos y ser, hoy en día, uno de los autores más importantes del mundo. Sin embargo, en uno de sus trabajos, el autor dice no guardar buenos recuerdos de su paso por el Instituto y la Universidad.

Su obra es rica y extensa, y debido al tiempo que pasó desde su fallecimiento, en el año 1939, el mundo entero puede disfrutar de sus poemas y toda su producción libres de derecho de autor.

Campos de Castilla

El libro de poesía de 1912 refleja una época de Antonio Machado, donde se puede apreciar lo bohemio a flor de piel. Pasó gran parte de su vida escribiendo poemas, proverbios, cantares, y compartiendo su romanticismo. A continuación, reproducimos dos de los maravillosos poemas del autor.

<u>Retrato</u>

Mi infancia son recuerdos de un patio de Sevilla,

y un huerto claro donde madura el limonero;

mi juventud, veinte años en tierra de Castilla;
mi historia, algunos casos que recordar no quiero.

Ni un seductor Mañara, ni un Bradomín he sido,
   -ya conocéis mi torpe aliño indumentario-
   mas recibí la flecha que me asignó Cupido,
y amé cuanto ellas pueden tener de hospitalario.

Hay en mis venas gotas de sangre jacobina;
   pero mi verso brota de manantial sereno;
y, más que un hombre al uso que sabe su doctrina,
   soy, en el buen sentido de la palabra, bueno.

Adoro la hermosura, y en la moderna estética
   corté las viejas rosas del huerto de Ronsard;
mas no amo los afeites de la actual cosmética,
   ni soy un ave de esas del nuevo gay-trinar.

Desdeño las romanzas de los tenores huecos
y el coro de los grillos que cantan á la luna.
   A distinguir me paro las voces de los ecos,
   y escucho solamente entre las voces, una.

¿Soy clásico o romántico? No sé. Dejar quisiera
mi verso, como deja el capitán su espada,
famosa por la mano viril que la blandiera,
no por el docto oficio del forjador preciada.

Converso con el hombre que siempre va conmigo;
—quien habla solo, espera hablar á Dios un día—
mi soliloquio es plática con este buen amigo
que me enseñó el secreto de la filantropía.

Y al cabo, nada os debo; debéisme cuanto he escrito.
A mi trabajo acudo, con mi dinero pago
el traje que me cubre y la mansión que habito,
el pan que me alimenta y el lecho en donde yago.

Y cuando llegue el día del último viaje
y esté al partir la nave que nunca ha de tornar,
me encontraréis á bordo, ligero de equipaje,
casi desnudo, como los hijos de la mar.

***

<u>Á orillas del Duero</u>

Mediaba el mes de Julio. Era un hermoso día.
Yo, solo, por las quiebras del pedregal subía,
buscando los recodos de sombra, lentamente.
A trechos me paraba para enjugar mi frente
y dar algún respiro al pecho jadeante;
o bien, ahincando el paso, el cuerpo hacia adelante
y hacia la mano diestra vencido y apoyado
en un bastón, á guisa de pastoril cayado,
trepaba por los cerros que habitan las rapaces
aves de altura, hollando las hierbas montaraces
de fuerte olor -romero, tomillo, salvia, espliego-.
Sobre los agrios campos caía un sol de fuego.

Un buitre de anchas alas con majestuoso vuelo
cruzaba solitario el puro azul del cielo.
Yo divisaba, lejos, un monte alto y agudo,
y una redonda loma cual recamado escudo,
y cárdenos alcores sobre la parda tierra
-harapos esparcidos de un viejo arnés de guerra-
las serrezuelas calvas por donde tuerce el Duero

para formar la corva ballesta de un arquero

en torno á Soria. -Soria es una barbacana

hacia Aragón que tiene la torre castellana-.

Veía el horizonte cerrado por colinas

obscuras, coronadas de robles y de encinas;

desnudos peñascales, algún humilde prado

donde el merino pace y el toro arrodillado

sobre la hierba rumia, las márgenes del río

lucir sus verdes álamos al claro sol de estío,

y, silenciosamente, lejanos pasajeros,

¡tan diminutos! -carros, jinetes y arrieros-

cruzar el largo puente y bajo las arcadas

de piedra ensombrecerse las aguas plateadas

del Duero.

El Duero cruza el corazón de roble

de Iberia y de Castilla.

¡Oh, tierra triste y noble,

la de los altos llanos y yermos y roquedas,

de campos sin arados, regatos, ni arboledas;

decrépitas ciudades, caminos sin mesones

y atónitos palurdos sin danzas ni canciones

que aun van, abandonando el mortecino hogar,

como tus largos ríos, Castilla, hacia la mar!

Castilla miserable, ayer dominadora,
envuelta en sus andrajos desprecia cuanto ignora.
¿Espera, duerme o sueña? ¿La sangre derramada
recuerda, cuando tuvo la fiebre de la espada?
Todo se mueve, fluye, discurre, corre ó gira;
cambian la mar y el monte y el ojo que los mira.
¿Pasó? Sobre sus campos aún el fantasma yerra
de un pueblo que ponía á Dios sobre la guerra.

La madre en otro tiempo fecunda en capitanes
madrastra es hoy apenas de humildes ganapanes.
Castilla no es aquella tan generosa un día
cuando Myo Cid Rodrigo el de Vivar volvía,
ufano de nueva fortuna y su opulencia,
á regalar á Alfonso los huertos de Valencia;
ó que, tras la aventura que acreditó sus bríos,
pedía la conquista de los inmensos ríos
indianos á la corte, la madre de soldados
guerreros y adalides que han de tornar cargados
de plata y oro á España en regios galeones,

para la presa cuervos, para la lid leones.
Filósofos nutridos de sopa de convento
contemplan impasibles el amplio firmamento;
y si les llega en sueños, como un rumor distante
clamor de mercaderes de muelles de levante,
no acudirán siquiera á preguntar ¿que pasa?
Y ya la guerra ha abierto las puertas de su casa.

Castilla miserable, ayer dominadora,
envuelta en sus harapos desprecia cuanto ignora.

El sol va declinando. De la ciudad lejana
me llega un armonioso tañido de campana
-ya irán á su rosario las enlutadas viejas-.
De entre las peñas salen dos lindas comadrejas;
me miran y se alejan, huyendo, y aparecen
de nuevo ¡tan curiosas!... Los campos se obscurecen.
Hacia el camino blanco está el mesón abierto
al campo ensombrecido y al pedregal desierto.

Fiestas y celebraciones importantes de los países de habla hispana

- Fiestas y celebraciones -

Las principales fiestas y celebraciones de los países de habla hispana enriquecen su cultura y atraen a turistas de todo el mundo. Sin embargo, las ocasiones son muy especiales para los ciudadanos de cada país y no solo es una cuestión artificial, se trata de fiestas ricas en significado y diversidad.

Los países latinoamericanos que han sido significativamente influenciados por el catolicismo tienen muchas fiestas para celebrar a sus santos patrones y las vírgenes.

¿Cuáles son las fiestas celebradas en los países latinoamericanos?

ENERO

1 de enero - *Año Nuevo*, Día de Año Nuevo.

6 de enero - *Día de los Reyes Magos*. En muchos países católicos, este es el momento de la diversión navideña. Tradicionalmente, los niños reciben regalos en este día en lugar de en Navidad. Como los Reyes Magos traían regalos, la gente intercambia obsequios y los niños sacan sus zapatos para que los magos los dejen dentro.

21 de enero - Festín de *Nuestra Sra. de Altagracia*, o Nuestra Señora de la Más Alta Gracia, la virgen patrona de la República Dominicana.

26 de enero - *Día de Juan Pablo Duarte*. Conmemora al héroe de la independencia dominicana de Haití.

28 de enero - *Nacimiento de José Martí*. Activista político, héroe independentista y poeta que lideró la lucha por la independencia de Cuba de España.

FEBRERO

2 de febrero - *Tratado de Guadalupe Hidalgo*. Este tratado, que marcó el final de la Guerra Mexicana, estableció la soberanía de Estados Unidos sobre 1.193.061 millas cuadradas de territorio mexicano anteriormente disputado, incluidos los estados actuales de Texas, Arizona, California y Utah, y partes de Nuevo México, Colorado y Wyoming.

5 de febrero - *Día de la Constitución* en México.

24 de febrero - *Día de la Bandera en México*

27 de febrero - *Día de la Independencia de República Dominicana* e inicio del Carnaval Dominicano. La celebración previa a la Cuaresma coincide con el aniversario de la Independencia de República Dominicana de Haití.

MARZO

5 de marzo - *Carnaval*, un feriado oficial mexicano que inicia una celebración de cinco días antes de la Cuaresma católica. A partir del fin de semana anterior a la Cuaresma, *Carnaval* Se celebra exuberantemente con desfiles, carrozas y bailes en las calles.

9 de marzo - Baron Bliss Day. Honra al inglés Sir Henry Edward Ernest Víctor Bliss, quien dejó toda su fortuna a la ciudad de Belice.

21 de marzo - *Nacimiento de Benito Juárez*. Juárez, uno de los héroes nacionales de México, sirvió a su país como presidente durante el turbulento período desde 1855 hasta su muerte, e instituyó una serie de reformas civiles. Lideró la resistencia militar al intento del emperador francés de imponer a Maximiliano de Austria como emperador de México.

22 de Marzo - *Día de la Emancipación en Puerto Rico*. Los esclavos en Puerto Rico fueron liberados en esta fecha en 1873.

Marzo 31 - *Feriado de Cesar Chávez* en California, Arizona y Texas. Este día festivo honra al activista mexicano-estadounidense de derechos laborales y civiles que ganó atención en la década de 1960 como líder de la Unión de Trabajadores Agrícolas. Su enfoque de defensa no violenta le valió el respeto mundial. California, Arizona y Texas han convertido el día en feriado estatal; otros estados están considerando hacerlo.

ABRIL

La Semana Santa o Semana Santa y Semana Santa: Se celebra en España, México y toda Latinoamérica. La Pascua es uno de los días sagrados más importantes del año.

La semana previa a la Pascua incluye procesiones solemnes, oración, misas y otros preparativos para la resurrección de Jesús. Las costumbres en los Estados Unidos incluyen a los mexicanos *cascarones*, la versión mexicana de un huevo de Pascua o cáscaras de huevo, relleno de confeti.

11 de abril - *Día de la Batalla de Rivas en Costa Rica*. Se conmemora el aniversario de la victoria sobre los invasores confederados en 1856. Un ejército formado principalmente por agricultores armados con machetes obligó a William Walker, un estadounidense que planeaba esclavizar países centroamericanos, a regresar a Nicaragua.

19 de abril - *Desembarco del 33 Día de los Patriotas* en Uruguay. Es el aniversario del desembarco de treinta y tres exiliados en 1825, quienes iniciaron una campaña conducente a la independencia de Uruguay.

MAYO

1 de mayo - *Día del trabajo* o *Día del Trabajador*; un feriado nacional celebrado en la mayoría de los países de habla hispana, equivalente al Día del Trabajo de EE. UU.

5 de mayo - *Cinco de Mayo* en México. Conmemora la victoria de las fuerzas mexicanas sobre el ejército francés en la batalla de Puebla el 5 de mayo de 1862. Es principalmente una fiesta regional que se celebra en la capital del estado mexicano de Puebla y en otras partes de México. También se celebra en ciudades de Estados Unidos con una importante población mexicana. No es, como mucha gente piensa, el Día de la Independencia de México, que en realidad es el 16 de septiembre.

10 de Mayo - *Día de las madres.* Se celebra en esta fecha en México y otros países de América Latina.

15 de Mayo - *Día de la Independencia* de Paraguay.

18 de mayo - *Batalla de Las Piedras* en Paraguay. Aniversario del fin del conflicto entre Uruguay y Brasil en 1828.

20 de mayo - *Nacimiento de Cuba* como república independiente en 1902.

25 de mayo - *Revolución de Mayo* en Argentina. Conmemora la revolución que dio lugar más adelante al establecimiento de un gobierno autónomo.

JUNIO

19 de junio - *Día de Artigas* en Uruguay. Celebra el cumpleaños del General José Gervasio Artigas, antepasado de Uruguay.

24 de junio - Festín de *San Juan Bautista*, santo patrón de la capital de Puerto Rico, San Juan. Otros latinos celebran el día como el Día de San Pedro.

29 de junio - *San Pedro y San Pablo*. Celebrado en España y muchos países de América Latina.

JULIO

5 de julio - *Día de la Independencia* de Venezuela.

6 al 14 de julio - *Los Sanfermines*, o las Fiestas de San Fermín, o el encierro de Pamplona, España.

9 de julio - *Día de la Independencia* de Argentina.

19 de julio - *Día de la Revolución* en Nicaragua. Aniversario del día en que el ejército de Liberación Nacional declaró la victoria sobre la dictadura de Somoza.

20 de julio - *Día de la Independencia* de Colombia.

24 de julio - *Nacimiento de Simón Bolívar* (Colombia, Venezuela, Panamá). Conocido como El Libertador, lideró la rebelión contra el dominio español que estableció la independencia de Venezuela, Colombia, Ecuador, Perú y Bolivia.

25 de julio - *Día de la Constitución* en Puerto Rico.

25 de julio - Santiago o *Santiago apóstol* en España. Celebra la patrona de España.

26 de julio - *Día de la Revolución*, Cuba.

28 de julio - *Día de la Independencia* del Perú.

AGOSTO

1-6 de agosto - *El Salvador del Mundo*, patrona de El Salvador. Los salvadoreños celebran con ferias callejeras y una procesión en honor al santo.

6 de agosto - *Día de la Independencia* de Bolivia.

7 de agosto - *Batalla de Boyacá* en Colombia. Fiesta pública que celebra el aniversario de la derrota de los españoles en 1819 en la provincia de Boyacá.

10 de agosto - *Día de la Independencia* de Ecuador.

15 de agosto - *Fiesta de la Asunción*, celebrada por católicos en países de habla hispana. Celebra la creencia en la ascensión de María al cielo.

17 de agosto - *Día de San Martín*. Aniversario de la muerte del General José Francisco de San Martín, libertador de Argentina.

25 de agosto - *Día de la Independencia* de Uruguay.

SEPTIEMBRE

2 de septiembre - *Día de la Independencia* de Belice. Belice era conocida como Honduras Británica antes de su independencia del Reino Unido el 21 de septiembre de 1981.

8 de septiembre - *Nuestra Señora de la Caridad del Cobre*, patrona de Cuba.

10 de septiembre - *Día de St. George's Caye* en Belice. La batalla de St. George's Cay en 1798 fue ganada por un puñado de lugareños sobre una fuerza española superior.

15 de septiembre - *Día de la Independencia de las naciones centroamericanas* en El Salvador, Costa Rica, Guatemala, Honduras y Nicaragua. Conmemora la declaración de independencia de España en 1821.

16 de septiembre - *Día de la Independencia* de México. Celebra el día que Miguel Hidalgo entregó *El Grito de Dolores*, y anunció la revuelta mexicana contra el dominio español.

18 de septiembre - *Día de la Independencia* de Chile. También conocido como Fiestas Patrias y El Dieciocho.

23 de septiembre - *Grito de Lares*. Aniversario del levantamiento que inició el movimiento por la independencia de Puerto Rico de España.

21 de septiembre - *Día de la Independencia* de Belice.

OCTUBRE

10 de octubre - *Grito de Yara* (Cuba). La revuelta de Yara inició la lucha de Cuba por la independencia de España en este día.

12 de octubre - *Día Nacional de España*, también conocido como *Día de la Hispanidad*. En la mayoría de los países de habla hispana se celebra el Día de la Raza. Esta festividad conmemora la llegada de Cristóbal Colón a América. Los hispanos están divididos sobre sus sentimientos políticos sobre la festividad.

18 de octubre - *Señor de los Milagros* en Perú. También llamada fiesta del Cristo Morado. La festividad se remonta a la década de 1700 cuando un gran terremoto destruyó Lima, pero una pintura del Cristo Morado no se vio afectada.

NOVIEMBRE

1 y 2 de noviembre - *Día de los muertos* en México, Centroamérica. En la mayoría de las regiones de México, el 1 de noviembre es para honrar a niños y bebés, mientras que los adultos fallecidos son honrados el 2 de noviembre. Tradicionalmente, es una festividad de observancia para celebrar y honrar a los antepasados. Se basa en la creencia de que existe una interacción entre el mundo viviente y el mundo de los espíritus. Muchos celebran con *ofrendas* en sus hogares para honrar la memoria de sus seres queridos fallecidos y dar la bienvenida a sus almas. Otros visitan la parcela del cementerio de sus seres queridos y la decoran con flores, velas y comida. La festividad se celebra con reuniones familiares y

comunitarias, música y banquetes, y la festividad reconoce la muerte como parte integral de la vida.

2 de noviembre - *Día de los Difuntos*. Esta observancia católica celebra la memoria de todos los primeros mártires, santos y fieles difuntos.

3 de noviembre - *Día de la Independencia* de Panamá.

5 de noviembre - *Primera Convocatoria de la Independencia* en El Salvador. Conmemora la primera batalla por la independencia en 1811, liderada por el Padre José Matías Delgado.

11 de noviembre - *Día de la Independencia de Cartagena* en Colombia. Conmemora la declaración de independencia de la ciudad de Cartagena realizada en 1811.

19 de noviembre - *Nuestra Señora de la Divina Providencia* o Nuestra Señora de la Divina Providencia, virgen patrona de Puerto Rico.

20 de noviembre - *Día de la revolución Aniversario de la Revolución Mexicana* de 1910 contra el dictador Porfirio Díaz.

DICIEMBRE

6 de diciembre - *Día de la Constitución*, España.

diciembre 8 - *Inmaculada Concepción*, celebrada en muchos países de habla hispana.

12 de diciembre - *Día de la Virgen de Guadalupe* o la Fiesta de Nuestra Señora de Guadalupe, patrona de México. Se dice

que la Virgen María se apareció a un indio, Juan Diego, en esta fecha en 1531.

16-24 de diciembre - *Las Posadas* (México, Guatemala y otros países centroamericanos). Las Posadas conmemoran el viaje de María y José a Belén, y su búsqueda de un lugar para quedarse. Familiares y amigos se visitan en sus hogares y disfrutan de conversaciones y comidas tradicionales, y los visitantes cantan villancicos. Los colombianos celebran una festividad similar llamada *"La Novena"*, y durante nueve días, las familias rezan y cantan villancicos tradicionales.

24 y 25 de diciembre - *La Nochebuena* y la *Navidad*. En muchos países católicos, la gente asiste a la misa de medianoche en Nochebuena. La preparación de comidas tradicionales también es una parte integral de las vacaciones. Los mexicanos se juntan por un *"tamalada"*, o una sesión de preparación de tamal.

El impacto de la tecnología en el trabajo

- Trabajo -

Algunos piensan que traerá trabajo, más significativo, y que abrirá la oportunidad para sociedades más saludables. Los avances tecnológicos se hicieron cargo de ciertos trabajos manuales, como los servicios de un relojero, proyeccionista de películas, operadores, entre muchos otros. Dispositivos, cámaras digitales y teléfonos móviles cambiaron la fotografía y la forma en que tomamos fotos. Los fotógrafos, lamentablemente, no tuvieron más opción que adoptar la nueva tecnología.

Sin embargo, nuestro pasado nos ha enseñado que podría haber un mundo en el futuro en el que la función de recursos humanos desaparezca y sea reemplazada por equipos de automatización, subcontratación y autoorganización. Un mundo en el que los mejores talentos se disputen ferozmente los trabajadores, donde se contraten agentes personales para administrar las carreras, y muchos otros cambios, no es difícil de imaginar. La idea es estar preparado para ese futuro.

El trabajo del futuro

El mundo podría prescindir de las grandes empresas a medida que la nueva tecnología permita a las pequeñas empresas ganar más fuerza. Por otro lado, las empresas podrían trabajar juntas para el mejoramiento de la sociedad en su conjunto.

De acuerdo investigaciones realizadas, el lugar de trabajo en una década será muy diferente al que es hoy. Estas son algunas de las conclusiones a las que llegaron:

1. Los mejores lugares de trabajo tendrán diferentes áreas tranquilas para que los trabajadores tengan opciones, eliminando por completo los asientos asignados.

2. Habrá corporaciones más pequeñas, con grandes oportunidades de colaboración.

3. El trabajo prosperará en equipo.

4. Las oficinas serán entornos mucho más saludables, con buena iluminación, áreas de relajación, dormitorios, música, mascotas, y más.

5. El jefe de trabajo establecerá la cultura en la organización.

6. No habrá escritorios físicos; los empleados simplemente se estacionarán en cualquier lugar y tendrán una oficina simulada ante sus ojos.

7. Todos los trabajadores de todos los niveles utilizarán ayudantes robóticos en el futuro, como Siri o Alexa, para clasificar los correos electrónicos entrantes, programar reuniones, crear hojas de cálculo, etc.

8. La mayoría de las reuniones se llevarán a cabo entre diferentes grupos de trabajadores en múltiples ubicaciones, lo que permitirá un intercambio fluido de ideas.

Otro estudio analizó qué tipos de trabajos disminuirán y cuáles aumentarán.

Los resultados mostraron que las ocupaciones relacionadas con la agricultura, el comercio y la construcción, pueden tener focos de oportunidades en toda la escala de habilidades.

En sectores como la educación y la salud, pronostican que solo uno de cada diez trabajadores está en ocupaciones que probablemente crecerán.

Los hallazgos también resaltan la importancia de las habilidades cognitivas de orden superior, como la resolución de problemas complejos, la originalidad, la fluidez de ideas y el aprendizaje activo. Estas serán las habilidades más demandadas para el futuro.

Las habilidades más demandadas para el futuro

Según las estadísticas y estudios mencionados anteriormente, hay tres conjuntos principales de habilidades que los trabajadores necesitarán para asegurar las mejores carreras en el futuro.

Cognitivo superior: estos incluyen alfabetización y escritura avanzadas, pensamiento crítico y análisis cuantitativo, y habilidades estadísticas. Los utilizan médicos, contables, analistas de investigación y escritores.

Social y emocional: estos incluyen comunicación avanzada, empatía, ser adaptable y la capacidad de aprender continuamente. El desarrollo empresarial, la programación y la asesoría requieren estas habilidades.

Tecnológico: esto incluye todo, desde habilidades de TI básicas hasta avanzadas, análisis de los datos e ingeniería.

Principales empleos futuros

Analizando las principales tendencias tecnológicas y empresariales de la actualidad, se cree que los mejores trabajos o carreras incluirán:

1. Asistente virtual: se centrará en la satisfacción del cliente mediante el asesoramiento virtual a los clientes utilizando el conocimiento de la línea de productos.

2. Agente de datos personales: se asegurará de que los consumidores reciban ingresos de sus datos.

3. Curador de la memoria personal: consultará con los pacientes y las partes interesadas para generar especificaciones para las experiencias de realidad virtual.

4. Constructor de viajes de realidad aumentada: colaborará con ingenieros talentosos y artistas técnicos para desarrollar elementos vitales para los clientes.

5. Controlador de carreteras: supervisará los sistemas automatizados de gestión de carreteras y espacios aéreos para garantizar que no se produzcan errores.

6. Fabricante de partes del cuerpo: creará partes del cuerpo vivo para atletas y soldados.

7. Telemedicina: transformará la atención médica.

8. Biotecnología: transformará la agricultura y la ganadería.

9. Asesor de bienestar para ancianos: atenderá las necesidades físicas y mentales de los ancianos.

10. Cirujano de aumento de memoria: aumentará la memoria de los pacientes cuando alcance su capacidad.

12. Pilotos espaciales, guías turísticos y arquitectos.

Los estudios e investigaciones están en constante desarrollo y se hacen cada vez con mayor frecuencia, y esto se debe a la rapidez con la que se modifican las cosas y la velocidad a la que cambia la tecnología.

Existe una necesidad de estar un paso delante de los avances tecnológicos. Expertos y profesionales analizan constantemente cómo mejorar los sistemas, innovar y usar el adelanto para beneficio de las comunidades. Afortunadamente, la globalización permitió que países de todo el mundo estén conectados y las regiones colaboren unas con otras.

Después de la pandemia

Luego de la pandemia del COVID-19, las cosas ya no volverán a ser las mismas, y los investigadores tienen que volver a analizar la situación mundial y estudiar cómo evolucionará la población tras semejante tragedia. Nadie sabe a ciencia cierta cómo se adaptarán los países a los cambios, especialmente, esos países que carecen de recursos y donde la economía está estancada.

Especialmente en países de bajos recursos y en los subdesarrollados, las personas tuvieron que reinventarse y pensar en trabajos diferentes a los que hacían. Algunas personas pudieron hacerle frente, pero existe una gran cantidad de individuos que no poseen los recursos y herramientas necesarias. Solo el tiempo dirá cómo se sortean las consecuencias de una catástrofe mundial como fue la pandemia; sin embargo, desarrollar habilidades seguirá siendo la herramienta más valiosa para encontrar el mejor empleo en el futuro.

www.ingramcontent.com/pod-product-compliance
Lightning Source LLC
Chambersburg PA
CBHW072152100526
44589CB00015B/2198